游戏中的科学

贾立芳◎著

Science in Games

文化发展出版社
Cultural Development Press

图书在版编目（CIP）数据

游戏中的科学 / 贾立芳著. — 北京 : 文化发展出版社, 2020.9

ISBN 978-7-5142-3085-7

Ⅰ. ①游… Ⅱ. ①贾… Ⅲ. ①科学知识－普及读物 Ⅳ. ① Z228

中国版本图书馆 CIP 数据核字（2020）第 166268 号

游戏中的科学

作　　者：贾立芳

责任编辑：侯　铮

总 策 划：白　丁

产品经理：偏　北

出版发行：文化发展出版社有限公司（北京市翠微路 2 号）

网　　址：www.wenhuafazhan.com

经　　销：各地新华书店

印　　刷：天津旭丰源印刷有限公司

开　　本：787mm×1092mm　1/16

字　　数：147 千字

印　　张：13.5

版　　次：2020 年 9 月第 1 版　2022 年 5 月第 3 次印刷

I S B N ：978-7-5142-3085-7

定　　价：45.00 元

目录

第一篇 迷人的数学

第二篇 神奇的声和电

第三篇 光 和 磁

第四篇 力和运动的奥秘

第五篇 物质与化学

第六篇 不可思议的世界

第一篇

迷人的数学

利用阴影的长度来测量

测量某一事物的高度往往需要借助尺子，但是对于一些很高的物体来说，测量的难度很大，普通人也没有专业仪器，根本无法进行有效测量。不过借助一些生活小技巧，往往可以测量出这些物体的高度，重要的是这样的小实验非常简单。

准备的工具

1米长的木棍，卷尺

实验过程

■ 选择某个晴天，将木棍放在所要测量物体的旁边，木棍和物体保持同一水平面

■ 观察物体和木棍在阳光下的影子，调整木棍的位置，确保两个影子不会重叠

■ 用卷尺快速测量物体在光线下的影子长度，同时测量木棍影子的长度

■ 考虑到不同物体高度与投影长度的比是相同的，运用数学计算方式：物体的高（H）除以物体影子的长度（L），等于木棍的高度1米除以木棍影子的长度（S）

■ 将所测量好的影子长度的数据列入这个算式当中，计算出物体的高度

科学告诉你为什么？

为什么利用影子就可以测量物体的高度呢？

从科学的角度来分析，在同一束光线下，在同一个水平面上，不同物体的投影角度是一样的，也就意味着任何物体的高度与投影的长度比都是一致的。在测量物体的高度时，可以选择一个方便测量高度的参照物进行对比即可。人们可以做一个实验，当一个人站在旗杆底下，他的身高和影子之比，与旗杆高度和旗杆影子之比是相同的。在了解参照物的高度、影子的长度以及测量物体影子的长度时，自然就可以计算出测量物体的高度。

为什么测量的时候要保持在同一时刻？

利用光线制造投影，然后测量投影来进行高度计算的方法是科学的，但这里有一个前提，那就是测量物体的投影长度与测量参照物投影的长度时，必须在同一时刻，不能一个上午去测量，一个下午去测量。这样做的原因很简单，因为同一时刻，太阳光线照射物体时形成的夹角是一样的，这个时候所有物体的高度和投影比都是相司的，如果错开的时间太长，那么这个比例就不对了。

什么时候测量最好？

单纯地依靠太阳光线来投影测量物体的高度，通常没有一个固定的时间安排，但是有几个时间点一定要错开，首先是正午时分，这个时候太阳直射大地，光线与测量物体之间没有夹角，地面上找不到任何投影，自然也就没有测量的意义。其次就是傍晚太阳落山，这个时间点的测量也没有任何意义。最后是太阳刚升起或者太阳即将落山时，投影过长，不方便测量，也不太合适。最好选择在正午时分的前后一个小时左右，这个时候阳光充足，投影清晰可见，而且投影的长度并不长，非常适合测量。

镜子测高法

镜子是日常生活中不可或缺的生活用品，一般来说，镜子会被当成梳妆用品来使用，但是适当运用镜子的一些特性，然后结合必要的数学知识，就可以将其作为测量工具来使用。在科学实验中，镜子就可以用作测量物体高度的工具。

准备的工具

镜子，卷尺，树

实验过程

■ 选择所要测量的树，树梢设为A点，树根与地面接触点为B点，在距离树几米远的地方放一面镜子，设为C点，确保地面平坦

■ 观测者保持站立姿态，沿着镜子与树的延长线一直往后退，直到看到树梢为止，观测者记下自己所处的位置D点，眼睛的位置为E点

■ 用卷尺测量镜子与树的距离，得出BC的长度，然后测量观测者与镜子的距离，得出CD的长度，用卷尺测量观测者的眼睛到地面的高度，得出DE的长度

■ 在纸上进行计算，按照BC/CD=AB/DE的计算方式，在已经测量出其他三个数据时算出DE的长度

科学告诉你为什么

镜子测量法的原理

镜子之所以可以用作测量工具，首先在于镜子具有反射功能，在一个水平面上，光线进入镜面时的角度与反射光线的角度相同。树木的高度、树与镜子之间的距离、树梢到镜子的距离形成一个三角形，而观测者的身高、与镜子的距离、眼睛与镜子的距离形成一个相似的三角形。而依据数学原理，相似三角形的对应角相等，对应边成比例。只要量出树与镜子之间的距离、观测者与镜子之间的距离，计算出比例，然后依据观测者的身高，就可以知道树的高度。

镜子测量法的缺陷

镜子测量法在测量一些高度不太高的物体时有一定的效果，但若是物体的高度很高而且体积很庞大，那么镜子距离物体就需要很远，观测者想从镜面中看到物体的顶端也不容易，这样就会给测量带来实际的困难。而且镜面测量的只是一个大概的数据，实际上有一定的误差。

池塘边两棵树之间的距离

通常情况下，人们会使用尺子或者测量仪来测量两个处于不同位置的物体之间的距离，不过，假设我们在池塘边散步，发现池塘两岸分别有一棵树，要测量出两棵树之间的距离，除了使用专业测量仪之外，人们可以使用什么方法进行简单测量呢？

准备的工具

石头，卷尺

实验过程

■ 自己先站在其中一棵树前，设为A点，眼睛正对着池塘对岸的另外一棵树，目标设为B点

■ 在A点位置向右转90°，笔直往前走3步，停下来，在自己所站立的地方用石头做一个标记，设为C点

■ 继续笔直向前走3步，停下来，用石头做一个标记，设为D点

■ 在D点位置向右转90°，一路笔直向前走，边走边回头看看自己所在的位置是否与BC处于同一条直线上，等到确定自己的位置和BC处于同一条直线上时，停下脚步，将这个位置设为E点

■ 用卷尺测量DE的长度，这个长度就是AB两棵树之间的距离

科学告诉你为什么

为什么通过走路就能测量出树与树之间的距离呢？

从数学的角度来说，通过连续两次右转90°，实际上就构造出了两个直角三角形，其中第一次右转时所走的3步等于确定了直角三角形的大小，在这个位置设置一个点，然后将目标物与这个点之间连一条直线延长下去，形成对顶角。走完另外3步再进行第二次右转时，只要一直往前走到与这条延长线交会的地方就可以了。这个时候就会发现，在这两个三角形中，对顶角相等，直角也相等，其中一条边长也相等（都是3步），因此两个三角形是一样的，所有的边长也自然相等。

测量时，两次分别右转120°或者60°往前走可以吗？

理论上说，这些测量方式是可行的，道理也一样。为了验证这一点，人们可以在纸上画一条线段AB，从线段的A点以某一个角度画一条线段，在新画的线段的另一端取D点，线段AD的中点为C点。在D点以同样的角度往B点的反方向画一条直线，与直线BC的延长线相交，交点为E点。这个时候，可以测量得出AB等于DE。可以说，在测量时，只要确保两次转动身体时的角度相同，那么就能够有效进行测量。但问题在于，旋转90°要比锐角或者钝角更容易把握，误差也更小。

不过河测量河的宽度

在河道宽度测量中，人们可以借助先进的仪器和工具进行测量，但是在缺乏这些高精密仪器的时候，人们完全可以运用一些最基本的三角形知识来测量河道的宽度。运用这些三角形知识可以非常简便地得出测量结果，具有快捷方便且低成本等优势。

准备的工具

1把卷尺，1把有刻度的三角尺，纸，笔，两根1米左右的木棍，细绳

实验过程

■ 先在河对岸沿岸的地方寻找一个具有一定高度的目标，一棵树或者一块大石头，标记为C点

■ 在河道沿岸这一端找一个地势平坦的地方，画一条平行于河道的直线，在直线上分别取两个观测点A和B，将木棍钉在A和B这两个观测点上，木棍保持直立状态，然后用绳子将木棍连在一起，用卷尺测量AB之间绳子的长度

■ 观测者先沿着直线站在A点位置观测目标点C，具体观测时，将笔放在观测眼睛的下方，笔尖正好对上C点，并且和系在木棍上的绳子处于一个平面上，固定笔的位置。然后用三角尺测量出笔和绳子之间的夹角∠BAC

■ 以同样的方式在B点观测目标C，然后测出笔和绳子之间的夹角∠ABC

■ 将木棍之间的细绳长度以及两个不同观测点测量的夹角数据记录在纸上，并且画出一个缩小版的三角形，三角形的三个顶点分别为D、E、F，它们分别对应的是A、B、C三个点

■ 从F点出发，往直线DE上画一条三角形的高，它对应的就是河道的宽度

■ 测量三角形中高的长度，测量直线DE的长度

■ 运用三角形相似定理，可知AB之间绳子的长度与直线DE的长度比，等于河道宽度与三角形高的长度比，即AB/DE=河道宽度/高，将测量好的数据分别代入这个公式，就可以计算出河道的宽度

科学告诉你为什么？

为什么运用三角数学知识可以测量河道？

在测量河道的时候，在河对岸选择一个目标点，在河道这边选择两个不同位置的观测点，就可以形成一个三角形结构，测量出观测点之间的距离，以及观测夹角，那么就能得出一个固定的三角形。接下来只要按照同样的夹角在纸上随便画一个小三角形就可以了。由于两个三角形的各个角都相同，对应的边长和高都是以同等比例缩小或者放大的，这样只要测量纸上那个三角形的边长和高，那么相应地就可以得出河道的宽度。需要注意的是，两个观测点之间的直线最好与河道平行，这样方便测量和计算。

这种测量方法在现实测量中值得推广吗？

使用这种方法具有一定的科学依据，但这并不意味着现实中就可以不使用专门的测量仪器，因为运用这种三角形知识进行测量时，容易存在一定的误差，它们都会对整体的测量产生很大的影响。尤其是河道比较宽时，河对岸目标点的设置也不容易，且容易出现角度测量上的偏差，比如目标点是否就在岸边，距离河水有多少距离，测量时，是否真的对准了角度，如果观测点的夹角稍微偏转1°~2°，那么测量结果就可能会存在很大偏差。

谁先说出30

很多人经常会玩报数字的游戏，比如两个人轮流从1数到30，每个人每次最多只能说两个数字，先报数字的人可以说出数字1或者1和2，接下来对方可以说出1个或者两个数字。那么怎样才能确保自己每一次都说出30呢？也许很多人会觉得这个游戏有很大的随机性，自己可能会轮到说30的机会，也可能对方会轮到说30这个数字，看上去并没有什么规律可循。事实真的如此吗？这个游戏是否有什么规律可循？

准备的工具

硬币，助理，桌子

实验过程

■ 拿出30枚硬币，放在桌子上，两个人轮流拿硬币，每人每次只能拿走1枚或者两枚硬币

■ 实验者可以自己先拿，也可以让助理先拿，谁先拿到第30枚硬币，谁就赢得比赛

■ 两个人可以进行数十次实验，看看实验的结果是什么

■ 对所有的游戏结果进行对比分析，找出获胜的规律

■ 只要认真分析，就可以发现，谁拿到了第27枚硬币，谁就可以掌握获取第30枚硬币的主动权

为什么拿到第27枚硬币的人会赢得胜利？

之所以选择第27枚硬币，原因就在于剩下的几个硬币无论怎么分配，拿到第27枚硬币的人都会在分配中占据先机。比如，实验者拿到了第27枚硬币，那么助理可以选择取走第28枚硬币，也可以选择一次性取走第28枚和第29枚硬币，但无论怎样取，第30枚硬币都不是他获得的。对于任何一个参与游戏的人来说，拿走第27枚硬币，就意味着他掌握了胜利的钥匙，而这就是所谓的先机策略。

通过倒推法来解决问题

这类所谓的先机策略，从本质上来说就是一种倒推法，即从最后的结果往前推，看看自己在什么时候应该选择什么样的策略，或者说什么环节是最重要的，具体应该选择什么样的策略。在上面那个游戏中，只要确保自己能够拿到第27枚硬币就行，那么同理，这个人必须确保自己获得第24枚硬币，毕竟只有这样，对方才不会占据拿到第27枚硬币的主动权。接着往前推，这个人需要确保自己拿到第21枚硬币，第18枚硬币，第15枚硬币，第12枚硬币，第9枚硬币，第6枚硬币，第3枚硬币。所以最终的结果显而易见，谁也不能先取硬币，因为最先取硬币的人，一定拿不到第3枚硬币。

哥尼斯堡的七座桥

18世纪的哥尼斯堡（城市名称）中有一个公园，公园刚好被普雷格尔河穿过，而河中有两座岛，岛与岛之间、岛与两岸之间分别被七座桥连接起来。有人某一天突发奇想，想要一次性走过七座桥，但是每座桥只能通行一次，而且无论从哪里出发，最终都要回到这个起点作为行程的终结点。关于这个问题，很多人都想办法尝试过，可是没有一个人能够做到，当时这个问题也引起了很多数学家的注意，他们想办法制定完美的路线，可是没有一个人能够获得成功。大数学家欧拉也进行了尝试，他在失败后，转而将这个问题转化成在纸上画图来分析，他直接将这个问题转化成了能否一笔将所有图形连在一起的问题，结果在画出图形后，他意识到一次性走完七座桥的想法不能实现。关于这个问题，人们也可以在纸上画出图形来试验一下。

准备的工具

白纸，圆珠笔

实验过程

■ 在白纸上画一条河，河中画出两座岛，分别是A和B

■ 河流两岸以C和D来代替

■ 在A和B之间画一座桥，标为1号桥

■ A岛较大，它和两边的河岸之间分别有两座桥连接，可以标为2号、3号、4号、5号桥

■ B岛较小，与两岸分别有一座桥连接，标为6号和7号桥

■ 在纸上画出所有的桥之后，按照要求一次性走完所有的桥，不能重复

且要走回终点

■ 开动脑筋，多画几次，也可以让别人来尝试一下，最终都无法画成功

科学告诉你为什么

为什么哥尼斯堡的七座桥没法一次性走完?

按照大数学家欧拉给出来的定理，一笔画需要满足以下一些条件：首先所有的图形必须是连通的，分割开来的图形显然是没有办法一笔画完的；其次，要想一笔画成，中间点必须均是偶点（连到一点的线条数目是偶数条），也就是有来路必有另一条去路，此时的奇点（连到一点的线条数目是奇数条）只可能在两端，要么就没有。可以将两座小岛和两个河岸当成4个点，7座桥当成线，那么无论从哪一个点开始，进入这个点和离开这个点的线都是相等的，因此与这个点有关的线是一个偶数，但实际上这些点基本上都是奇数，这种悖论就证明了无法一次性走完七座桥。

欧拉的贡献

欧拉对于哥尼斯堡问题的解决，不仅解答了人们多年来的疑惑，并提出了欧拉回路的说法，更重要的是他为人们提供了一种新的数学解题方法，那就是图论，通过作图来解决一些实际的问题，将复杂的现实问题在纸上进行简化处理。而且欧拉对该问题的解读为一个新的数学分支的发展奠定了基础，那就是拓扑学，可以说从欧拉的解题方法开始，有关拓扑学的相关理论知识开始在数学舞台上出现。

布丰的投针实验

18世纪，法国科学家布丰提出一个有趣的问题：在平面上画出一组间距为a的平行线，将一根长度为$L(L<a)$的针任意抛掷在这个平面上，计算针与平行线中任意一条平行线相交的概率是多少。面对这样的问题，可能很多人会简单地说这就是一个可能相交或者可能不相交的问题，因此概率也就是等于50%，但事实上，从数学实验的角度来分析，答案并不像想象的那样。布丰在经过成百上千次的实验之后，终于得出了一个结论：概率$P=2L/\pi a$（π就是数学中的圆周率）。

准备的工具

针，白纸，笔，尺子

实验过程

■ 取一张面积较大的白纸，用笔和尺子在纸上画出几条平行线

■ 拿一根细针，针的长度比平行线之间的间隔要小，将针第一次抛在纸上，看看它与平行线是否相交

■ 将针接二连三地抛在纸上，将针与平行线相交的情况记录下来

■ 当针抛出N次时，将相交的次数设为M，算出概率

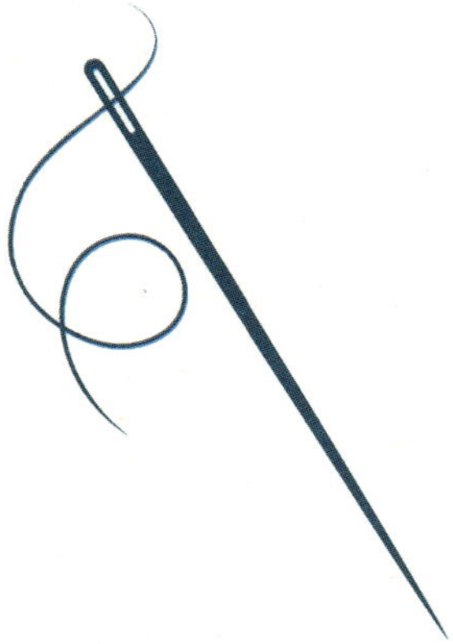

相交的概率与抛针的次数究竟有没有关系？

比如某个人刚好抛了两次针，第一次没有相交，第二次相交了，就能够证明相交的概率为50%吗？或者这个人刚好抛了30次针，其中相交了20次，而有10次没有相交，就能证明概率是60%？要计算概率，往往需要经过上千次甚至是上万次的实验，这样的结果往往更加准确，更具说服力。当然人们不可能无休止地抛针，而且最终的概率实际上和抛针的次数似乎没有任何关系。在布丰给出的公式中，圆周率是固定的，2也是固定的，主要在于针的长度L与平行线间隔a的比，换句话说，如果针的长度与平行线的间隔之比更小，那么概率也就越小。这也符合现实的逻辑分析，毕竟平行线之间的间隔越大，针的确越不容易碰到平行线。

有趣的圆周率计算方法

在实验中，人们可以借助这个方法来计算出针与平行线相交的概率，但事实上，将这个公式进行反向操作，人们希望用它来计算圆周率的具体数值。结果很多数学家开始进行反向实验，确定针的长度和平行线的间隔，然后进行几千次的投针实验。比如沃尔夫曾在1850年投了5000次，相交了2532次，于是得出的圆周率为3.1596。1901年，意大利数学家拉兹瑞尼投了3408次，相交次数为1808次，得出圆周率大约为3.1415929。这个结果虽然遭到了其他人的质疑，但人们确实用这种方式计算过圆周率的估值。实验者如果有时间的话，也可以进行类似的实验，只不过需要上千次以上的数据记录，总体上还是比较麻烦的。

永远无法理顺的毛球

在生活中，很多人都会给孩子准备一些毛茸茸的玩具，比如说毛球，这些毛球很容易被孩子弄得脏兮兮的，而大人经常会用小梳子梳理毛，但是无论怎么梳理，总会有一些地方是毛无法覆盖到的，许多家长觉得一定是毛球质量不好，以至于毛球开始掉毛。但实际上一些新买的毛球，如果认真梳理，也会发现有些地方无法被毛覆盖到，也就是说，一个毛球上总会存在一些毛无法覆盖的地方。就像梳头一样，无论头发多么浓密，无论往哪边梳头，都会存在一些无法被头发覆盖的头皮。那么为什么会出现这样的情况呢？明明球体上的毛发很浓密，却仍旧会存在一些无法覆盖的地方呢？

准备的工具

梳子或者刷子，毛球

实验过程

- 找到一个新的毛球，然后用梳子或者刷子慢慢梳理毛球
- 每刷到一处，尽可能让球上的毛覆盖该处
- 等到刷完之后，会发现毛球上还存在一些秃的地方，将其他地方的毛覆盖过来，新的秃点产生
- 改变梳理模式，仍旧会发现无法覆盖所有的地方，总会有一些地方秃出来

科学告诉你为什么

为什么毛球上总会出现一些毛无法覆盖到的地方？

其实关于给毛球梳理的问题，属于数学中的代数拓扑理论。科学家们发现偶数维单位球上的连续而又处处不为零的切向量场是不存在的，球面就是一个偶数维（二维平面），上面不存在连续的处处不为零的切向量场。用数学方式具体解释，就是：如果将f定义为某一个单位球上的连续函数，它的函数值是一个与球面在任意一点P相切的向量，那么就总会存在一个这样的点，使得f在该点的值为零。用通俗的方式来表达，就是在毛球上，哪怕百分之九十九的地方都有毛，也总会有一个地方是秃的，这就是代数拓扑学中的毛球理论。

毛球理论的现实运用

毛球理论或者说拓扑学在生活中的运用很广泛，对于人们而言，毛球理论实际上给出了一个关于覆盖的理论，比如当台风来临的时候，气象学家可以根据卫星气象图来寻找那些光秃秃的地方，这些地方通常是气旋或者飓风无法吹到的地方，人们只要待在这些地方，就能够顺利躲避台风。

第二篇

神奇的声和电

瓶子竟然也是乐器

从某种意义上来说，音乐是无处不在的，很多东西都可以充当乐器。除了一些常规的乐器之外，在日常生活中，人们经常可以看见某些音乐人使用一些非常规的乐器，这些乐器并不是人们所熟知的琴、鼓、箫、笛、埙等，而是碗、锯子、瓶、杯子、树叶之类的，比如瓶子就是非常有趣的乐器，人们可以利用瓶子制作一些乐器，甚至能够用瓶子演奏音乐。

准备的工具

8个同样的玻璃瓶，1根竹筷子，1桶水

实验过程

- 将8个瓶子排成一排，按照从高到低的水位往瓶子里加入不同量的水
- 用筷子挨个敲击瓶子，看看瓶子发出的声音是否不同
- 对于那些音准不符合要求的，可以通过水量水位的高低进行调整，看看最终是否刚好对应8个音符

科学告诉你为什么

为什么瓶子中的水位高低决定了不同的声音？

在利用瓶子做乐器的时候，最关键的一点在于瓶子内水位的高低，这才是决定声音不同的原因。因为当人们在击瓶子的时候，会引发瓶子内水的振动和空气的振动，而瓶子内水位的不同，会导致产生的频率也出现不同，这个时候自然就会出现不一样的声音。只要调整和控制好水位的高度，就能够演奏出刚好符合8个音符的声音。

瓶子还可以吹出不同的声音

在几个相同的瓶子内装入不同水位的水，然后用嘴对着瓶子吹，这个时候，吹出来的声音就会引发瓶子内空气的振动，产生不同的频率，从而产生高低不同的声音。不过和敲击瓶子产生的声音不同的是，敲击瓶子时，瓶子里的水越多，发出来的声音越低；瓶子里的水越少，发出来的声音越高。吹瓶子时，瓶子里的水越多，发出的声音越高；瓶子里的水越少，发出来的声音越低。

纸杯传声筒

电话、手机以及互联网社交工具，如今成了最重要的沟通工具，人们的生活也越来越离不开这些东西。不过在电话出现之前，想要实现远距离的交流，只能通过信件或者口头传信的方式进行。在古代，人们还发明了一些简化版的“电话”，这种简化版的电话制作起来非常简单，也不是真正通过电线来实现远距离的信息传输的。想要了解这种“电话”，可以自己动手制作。

准备的工具

两个普通的饮水纸杯，1根20米长的棉线，1根牙签

实验过程

■ 先用牙签在两个纸杯的杯底戳开一个小洞

■ 将棉线的两头分别穿过两个纸杯杯底的小洞，打一个比较大的结，确保线头不会穿过洞口

■ 实验者可以拿着一个纸杯站在楼下，然后安排一个收听者在二楼拿着纸杯

■ 两个人拉直棉线，一方用嘴对着纸杯的开口说话，另一人在另一端将纸杯口罩在耳朵上倾听，然后双方可以用这种方式实现交流

纸杯传声筒的物理学原理

传声筒是利用固体声波振动的传递原理制成的，当人们说话的时候，声波就会在纸杯传声筒的一端发生振荡，而纸杯的物体结构能够有效聚集声音，并减少声音的扩散和损失。固体也可以作为声音传递的介质，因此声音在纸杯里聚集之后可以经过棉线传递到另一端的纸杯，而另一端的纸杯能够将声音聚集起来，帮助收听者解决信息传递问题。

纸杯传声筒可以实现长途交流吗？

纸杯传声筒的主要传声结构在于纸杯和棉线，而想要实现长距离的沟通，那么棉线的长度一定要足够长。但事实上，纸杯传声筒只是一个单纯的依靠物理原理打造的传声工具，它的功效非常有限，一般情况下，这种传声筒的有效距离为100米，因为声波在棉线传播的过程中会逐渐减弱，到了100米之外，信息接收者基本上听不到什么清晰的声音了。所以想要让纸杯传声筒变得像电话一样高效，在技术上是不可实现的，而且也无法突破物理材料在声音传播方面的局限性。

如何让声音更加清晰？

想要确保纸杯传声筒的音质更好，交流更加顺畅，一方面要注意控制好距离，不要超过100米；另一方面则要保证纸杯没有漏洞，而且大小适中，这样的纸杯聚集声音的效果最好，传递声音的功效最强。另外，要注意保持棉线绷紧，当棉线处于绷紧的状态时，声波在棉线上的传递效果最好，这就类似于弹琴一样，琴弦绷得紧一些，音质会更加出色，如果软绵绵的，那么传递声音的效果会大打折扣。

一把直尺奏出高低音

直尺是一种非常重要的测量工具和学习工具，几乎每一个学生在学习的过程中都要借助直尺，比如用直尺来画一条直线或者线段，利用直尺画出三角形、正方形或者菱形，以及代数中的坐标系，也可以利用直尺上的刻度进行长度和高度的测量。可以说，直尺的应用范围非常广泛，但在多数人的认知模式中，它基本上离不开学习和测量的范畴。如果有人说直尺还可以充当演奏音乐的乐器，很多人会觉得惊讶。那么直尺是否真的可以用来演奏音乐呢？它又是如何演奏音乐的呢？关于这些问题，最好的方式就是通过实验来验证。

准备的工具

直尺，桌子

实验过程

- 找到一张普通的桌子，吃饭或者学习用的桌子都行
- 取一把直尺，将直尺的一半用手压在桌面上，直尺的另一半在桌沿以外
- 压住直尺的一端，然后用另一只手轻轻上下拨动桌沿以外的直尺
- 可以不断增加拨动的力度，听一听声音的变化
- 接着将直尺不断往桌子外面移动，然后用手压住尚在桌面上的直尺一端，用另一只手拨动另一端
- 发现直尺振动的幅度正在加大，频率也在加快，而且声调也在提升

为什么直尺可以演奏出高低音?

直尺可以发出声音，主要原因就在于它是一个有弹性的物体，在拨动直尺的时候，直尺就会产生振动，而这种振动会引发空气的振动，并通过空气这种介质传到人的耳朵里。而对于直尺来说，一旦振动幅度增强，弹性势能就越大，振动的频率也越快，而发出的声音就越响。对于人们来说，只要施加在直尺上的力度加大，或者给予直尺更大的弹性空间（往桌沿外移动），就可以提升振动的幅度和频率。而想要让直尺发出的声音变小，则需要减轻压力，或者将直尺往桌子里面移动一点就行。由于不同的压力、不同的距离（距离桌沿多远）会产生不同的音调，因此人们完全可以借助这些不同的音调弹奏曲子。

千奇百怪的演奏乐器

许多街头艺术家或者艺术达人会使用直尺演奏音乐，而类似的乐器其实有很多，比如很多人会使用锯子演奏音乐，这种演奏实际上采取了差不多的方式，因为钢锯片本身具有良好的弹性，用一些特定的工具拨动这些钢锯片，往往能够有效弹奏出不同的声音。虽然直尺和钢锯片在演奏的过程中，可能与常规的乐器存在一些音色、音质上的差别，但并不影响它们的演奏功能。

“看见”声音

众所周知，对于声音的把握，属于听觉的范畴，听觉正常的人可以听到外界的各种声音。在一些文学作品中，人们则可以通过类似于“通感”的手法“看见”声音，这当然是艺术化处理的一种结果，实际上对于声音的形态，人们是无法直接凭借肉眼看见的。不过运用一些小实验，人们就可以观察到声音的存在，可以感知它存在的力量以及一些基本的运动形式。

准备的工具

塑料薄膜，塑料碗，金属脸盆，橡皮筋，米粒，木棍

实验过程

- 先用塑料薄膜包住碗口，然后用橡皮筋将碗口的薄膜固定
- 撒一点米粒在薄膜上，注意米粒不要堆积在一起
- 将金属脸盆靠近碗口的地方，注意不要碰到碗口，用木棍用力敲击脸盆
- 随着金属脸盆被不断敲击和振动，薄膜上的米粒开始跳动

科学告诉你为什么

为什么声音可以制造跳动？

声音本身虽然没有形状，没有颜色，没有可见的运动轨迹，但是它的本质是一种声波，当声音发出来之后，会引起空气的振动，这就是声波，声波会对空气和接触物体产生作用，使它们也产生振动。当人们敲击金属脸盆的时候，金属脸盆会产生剧烈的振动，并导致周围的空气也发生了振动，产生大量的声波，而声波会接触碗，碗在振动的时候，使得碗口薄膜上的米粒开始跳动。这样一来，人们即可以清楚地“看见”声音，或者说声波的运动形态了。

为什么经常看不见声音引发的波动呢？

事实上，人们每一天都生活在充满声音的世界中，大到飞机的轰鸣与汽车的鸣笛、厂房机器的噪声，小到鸟的叫声以及人们的呼吸声，这些声音都会引发振动现象。耳朵之所以能够接收到声音，正是因为它们在传入耳蜗时引发了耳膜的振动。但很多时候，我们无法感知声音对物体的冲击，一方面是因为声音比较弱，另一方面我们需要在一些小物件、小颗粒上才能看见声音带来的影响，就像汽车的鸣笛可能会引发水缸里的水泛起波纹一样。

声音消失了

在日常生活中，声音几乎无处不在，如人的说话声，动物的叫声，电视机播放的声音，收音机唱歌的声音，还有各种各样的乐器发出的声音。许多人都知道声音的存在，但声音究竟是因为什么产生的，又是为什么而消失的呢？这不仅仅是闭上嘴巴或者关掉电源那么简单，想要了解声音的产生和消失之谜，可以通过一个小实验来进行。

准备的工具

1根橡皮筋，1张桌子

实验过程

- 将橡皮筋的一头固定在桌腿上
- 拉直橡皮筋，然后用手指拨动橡皮筋，橡皮筋在振动时发出声音
- 用手握住振动的橡皮筋，声音立即停止
- 接着用手指拨动橡皮筋，橡皮筋一边振动，一边发出声音
- 握住橡皮筋，振动以及声音停止
- 可以重复多次进行这样的实验

科学告诉你为什么

橡皮筋的声音之谜

将橡皮筋拉直之后，用手指拨动紧绷的橡皮筋时，往往会发现这些橡皮筋会快速振动，并发出声音，这种声音的产生就和振动有关。声音的本质是一种声波，它的产生和物体的振动有关，可以说，一切发出声音的物体都在振动，只要让振动停止，那么声音自然也就会消失。这也是为什么当人们用手握住振动的橡皮筋时，橡皮筋上发出来的声音会立即消失。同理，人们在打鼓的时候，鼓声就源于鼓的振动，如果用手摁住鼓的表面，那么鼓声就会立即停止。

屏蔽空气就能够有效降低声音的传播

物体的振动是产生声音的来源，但是声音的传播也需要介质，固体、液体都是介质，但最常见的还是空气。日常生活中，人们在不借助其他工具的前提下，接收到的声音大都源于空气。物体本身的振动会引发空气的振动，声波就会通过空气振动进行传播，一旦将空气隔绝开来，声音也就会被屏蔽。就像外太空一样，由于没有空气，人们在不依靠科技工具的情况下根本听不见说话的声音。或者人们可以将一个高声唱歌的人关进密闭的房间里，在这个密闭空间内，人们可以听见唱歌的声音，但是由于内外部的空气隔绝开了，声音无法传播到外面的空气中，因此房间外的人听不见唱歌的声音。

回声墙

许多去深山游玩或者生活在大山里的人都知道，有时候自己对着大山大声说话，声音就会在大山深处形成一个比较长的回声，类似的回声在生活中比较常见，人们可以去大山深处体验一下。当然考虑到不可能每一个人都去深山中体验，一个比较简单的方法就是进入一个比较空的大房间里说话，这样就可以验证回声的存在。许多装修过房子的人都知道，当房间很大而且房间内非常空旷的时候，说话容易产生回声，这些回声甚至会掩盖说话者本身的声音，使得听的人常常无法听清楚对方究竟说了些什么内容，而这就是一个回声墙。

准备的工具

一个较大的空房间

实验过程

- 选择一个较大的房间，确保里面没有其余的家具以及其他障碍物
- 将门窗关闭起来，在屋子里大声喊叫
- 喊叫可以从一个发音开始，到一句话的发音以及一段话的发音，感受回声
- 实验者也可以找一个帮手，让帮手倾听自己的声音，然后让帮手也大声说话或者喊叫，自己对相应的回声进行感受

为什么空房间容易产生回声？

严格来说，人们在说话的时候，只要前面存在障碍物，一般就会形成回声，因为声音以声波的形式在空气中或者物体中进行传播的时候，本身会不断消减，遇到物体时，声波虽然会反射回来，但是一旦反射面比较小，或者存在其他障碍物，又或者距离反射面太远，反射回来的声音就会被吸收，这样人们就无法收听到回声了。这也是为什么当人们在空房间里加入一些柜子、桌子、床、椅子及其他家具之后，原本有回声的房间往往会失去回声。

北京天坛的回音壁

北京天坛的回音壁之所以能够产生回音，就是因为整个围墙都是经过打磨的砖头无缝对接而成，弧度非常柔和，能够确保声波进行规则反射，而围墙上的琉璃瓦又保证了声波在反射的过程中不会散漫地消失，让整个回音效果更佳。

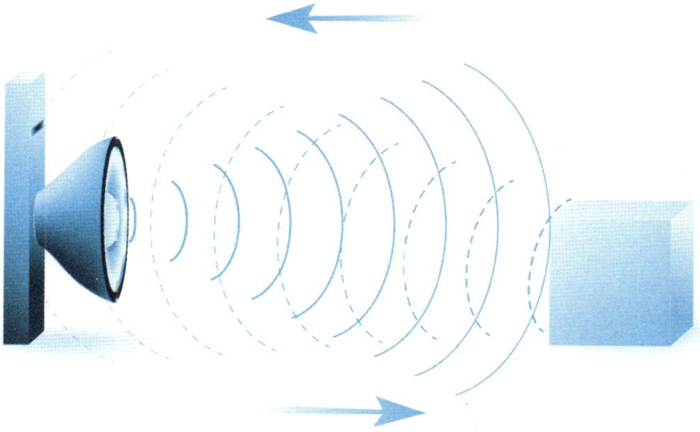

土豆电池

土豆是日常生活中非常常见的一种食物，一般情况下，人们会将土豆制作成各种美食来食用，包括烤土豆、土豆泥、土豆片、土豆炖牛肉等，但实际上土豆也能够用来制作小型电池。土豆电池的制作方式非常简单，不需要烦琐的工具和步骤，只要运用一些基础的物理学知识，就能很快制作出一款非常实用的电池，它完全可以点亮一个小的电灯泡。

准备的工具

3个新鲜土豆，3块锌片，3块铜片，1个小灯泡，6根电线

实验过程

■ 将土豆洗净、晾干

■ 将铜片和锌片分别插进土豆中，其中每一个土豆上都必须有一块铜片和一块锌片

■ 排列好土豆，确保土豆都是按照“铜片在左，锌片在右”的顺序

■ 将电线分别接在铜片和锌片上，一根接铜片，一根接锌片，将6根电线全部接上

■ 将相邻土豆之间的金属片上的电线连接起来，从左往右，第一个土豆的锌片与第二个土豆的铜片连接，第二个土豆的锌片与第三个土豆的铜片连接

■ 将最左边的土豆上的铜片连接小灯泡，为正极；最右边土豆的锌片也连接小灯泡，为负极，这个时候小灯泡由于接触了正负极的电，自然就会亮起来

科学告诉你为什么

为什么土豆会成为小型发电机？

土豆中的汁液是酸性液体，当相对活泼的金属锌片接触这些酸性液体时，就会失去一部分的电子，而这些电子会沿着电线传导到铜片上，最终产生了电位差，其中较高电位的铜片就是正极，较低电位差的锌片是负极。当铜的正极与锌片的负极接触时，最终就会产生电流。单个土豆产生的电流比较有限，如果并排放置多个土豆，那么产生的电流就可以确保小灯泡发亮。

是不是金属越活泼，产生的电力越强劲呢？

在产生电流的时候，需要借助一些活性金属物质，而在众多金属中，钾、钙、钠、镁的金属活泼性都非常好，但是它们过于活泼，可能会引发剧烈的爆炸，并不适合用于实验。相对来说比较稳定的铝或者是锌都是实验中制作电池负极完美的金属，而铜则是完美的正极。因此人们在进行实验的时候，一定要选择相对稳定的金属，以免造成一些意外伤害。

酸性果实是否都可以用于电池制作？

一些活性比较高的金属，在接触酸性液体的时候，就会失去一部分的电子，因此从理论上来说，任何酸性果实都可以用于电池制作，而不仅仅是土豆。类似于柠檬、橘子、苹果都可以用来制作电池，其中柠檬的效果比较好，当然，单个水果制作的电池无法产生大量的电流，一般需要好几个水果串联在一起，通过电流的积累来点亮小灯泡。

自来水中的电阻

人们都了解这样一个常识，那就是当自己的身体沾着水的时候，绝对不能触碰家里的电源，也不能触碰开关，因为水是一种导体，可以导电，一旦用湿漉漉的身体触碰电源，很有可能会引发触电行为，从而给身体造成很大的伤害。当然，任何一种导电体都具有一定的电阻，电阻的大小直接决定了导电的性能，比如铜线和银线的电阻很小，导电性能很好，当电流通过这些金属导线时，消耗自然也就更小。而水也具有电阻，那么水的电阻究竟是多大呢？水的电阻又该如何测试呢？

准备的工具

玻璃管（空心），水，橡皮塞，直尺，电流计，电压计，电源，导线，硬电极

实验过程

■ 选择一个两头空的玻璃管，两端用橡皮塞堵住，用直尺测出玻璃管内水柱的长度

■ 在橡皮塞中插入硬电极，用导线将玻璃管接入电路之中，在玻璃管两边安装电压计，并在电路上安装电流计

■ 接通电源，测出两端的电压U和通过的电流I，然后计算出电阻（电阻等于电压除以电流）

■ 断开电源，改变玻璃管内水柱的长度，可以适当增加水柱或者减少水柱的长度

■ 重新检测水柱的电压和电流，计算出不同长度水柱的电阻，看看水柱长度对电阻的影响

■ 用直尺测量玻璃管的直径，测量出玻璃管圆柱切面的面积，这样就可以计算出不同长度的水柱在单位面积内的电阻

科学告诉你为什么

为什么玻璃管水柱不同，电阻会发生变化？

电阻虽然和电压、电流有着紧密的联系，但事实上，电阻$R=\rho L/S$，其中ρ是电阻率，L 是导线的长度，S是导线的横截面积，当横截面积不变，电阻率不变（同一物质）的前提下，长度越长，电阻自然也就越大，也就是说，当导体越长，电阻自然越大。这也是为什么在100千米和100米的电力传输中，100千米的电力消耗更大，为了确保长途电力运输的过程中不会影响电流的供给，国家往往会使用高压电线进行传输。水也是一样，当导管内的水柱更长时，电阻也会更大。此外，按照规定，自来水在15℃时电阻率应大于$1300\Omega/cm^2$，这是1平方厘米内水两极之间的电阻值。其实，自来水电阻与水质有直接联系，水中的杂质越多，电阻就会越低。因为水本身属于弱电解质，水之所以能够导电，是因为水中含有微量的导电离子（H^+ 和 OH^-），水中的各种杂质大部分是以离子的形式存在的，水中的杂质越多，水中导电离子的数目也就越多，导电性也就越强。

如何利用水的电阻？

正因为水柱的长度越长，电阻越大，人们就利用了水的这一特性发明了直流水枪，这是一款灭火的有效工具。当消防兵在火场上灭火时，可以充分利用直流水枪射程远的特点，在远离火源的地方进行灭火，而且他们不用担心直流水枪会漏电，因为直流水枪的射程远，水柱很长，水柱内的电阻可以有效避免发生漏电和触电的事情。

发光的电灯泡

电灯是日常生活中不可缺少的生活用具，不过很多人并不清楚电灯究竟是如何发光的，或者说不清楚电灯发光的一些原理。当然，想要弄清楚这个问题，可以直接研究家里的电灯以及相关线路，了解家庭线路的一些基本设置情况，只是这样做既不安全也很烦琐，考虑到很多线路的复杂性，人们常常无法直观地了解电灯发光的原因。不过，人们完全可以通过一些简单的小实验来轻松解决这个问题。

准备的工具

1节5号电池，1个小灯泡，3根细的电线，1个常用的按钮开关，电线胶布，钳子

实验过程

- 用钳子将3根电线的两端去掉电线的保护皮，露出里面的铜丝
- 将1根铜丝的一头系在小灯泡的螺旋纹上，另外一端系在电池的正极上（凸起处），用电线胶布固定
- 将另外两根铜丝的一头分别系在开关内的铜片上，保持开关的闭合状态
- 将连接开关的其中1根铜丝连接到电池的负极上（平的这一端），用电线胶布固定住，连接开关的另外1根铜丝连接到灯泡上
- 打开开关，看看电灯是否亮了，如果没有亮的话，检查电池是不是新的，电线是不是出现了断裂，或者没有系好电池和开关

科学告诉你为什么

为什么灯泡会发光?

灯泡的发光之谜并不难理解，关键就是电，当电线连接上电池的正负极时，就会因为电差的存在导致电流产生，电流在电线的连接下传送到灯泡上，灯泡自然就会发光。而开关的主要作用是控制电流的传输，看看线路是否畅通。在整个实验过程中，一定要确保线路连接了电池的正负极，一定要确保线路的两端连接到灯泡上，这样才能将电流循环起来。

实验中要注意安全

从理论上来说，直接用2根电线和一个灯泡也能在连接电池的时候完成实验，只要线的一端系在灯泡上，一端系在电池上，那么灯泡同样会亮，但这样做的时间不能太长，因为电流会产生热量，并导致铜丝发烫。另外在实验的时候，千万不能将电线直接接入家庭开关来验证灯泡是否会发光，这样做会产生极大的安全隐患，毕竟家庭内的电压很高，会对生命产生严重的威胁，实验者绝对不可以尝试。

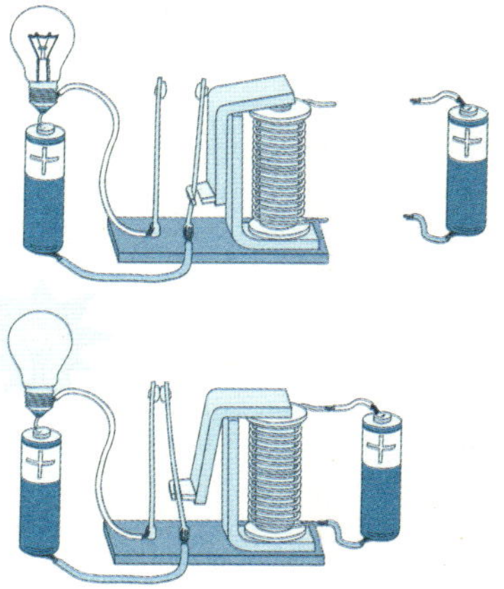

摩擦起电

在中学时期，学生们开始接触静电以及摩擦起电的物理学知识，书中关于摩擦起电的相关内容有很多，相关的物理学现象描述也层出不穷。虽然人们可以通过一些精密的科学仪器进行测试，但是想要直观地了解摩擦起电或者说物体摩擦之后的带电现象，完全可以通过一些简单的实验进行分析。

准备的工具

圆珠笔，纸片

实验过程

■ 取一支圆珠笔，一张纸片

■ 将纸片撕成很小的碎片，均匀地铺在桌面上，并保持碎片的干燥

■ 将圆珠笔放在头皮和头发上进行摩擦，一般以十几秒为宜

■ 将摩擦后的圆珠笔立即靠近纸张的小碎片，就会发现很多碎片开始吸附在圆珠笔上

■ 等到纸张的碎片开始从圆珠笔上掉落，接着将圆珠笔在头皮和头发上摩擦，继续重复这个实验

摩擦为什么能够产生一定的电?

从物理学原理来说，物体是由原子构成的，但原子包含了原子核，以及围绕着原子核运动的电子，不同物体的原子核对于电子的束缚能力是不同的。当两个物体发生摩擦的时候，那些对电子束缚能力更弱的原子核就会失去部分电子，而那些对电子束缚能力更强的原子核就会获得这些电子。当电子从一个物体中转移到另外一个物体中时，就会产生带电的现象，其中获得电子的物体带负电，失去电子的物体带正电。当圆珠笔与头发、头皮摩擦之后，圆珠笔上就会带电，这些电能够将碎纸片吸附起来。

不同物体带电的性质不一样

在自然界当中存在两种基本的电荷，一种是正电荷，一种是负电荷，其中当丝绸和玻璃棒进行摩擦时，玻璃棒所带的就是正电荷；当毛皮和橡胶棒进行摩擦时，橡胶棒所带的电子就是负电荷。对于人们来说，在了解摩擦起电原理的时候，对于物体所携带的电荷也要有所了解。

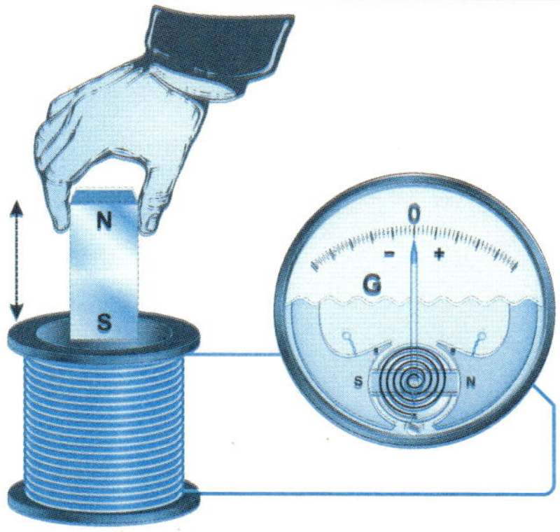

静电是如何被看见的？

在初中物理课上，人们都学习过静电，比如在天气干燥的时候，当我们与别人握手时，手刚刚触碰对方的手指，就会产生电击现象。在一些干燥的天气里，有时候开门刚刚触碰门把手，也会产生一些轻度的电击，这些都是比较常见的静电现象。静电有时候不容易被感知到，甚至于当电击发生时，人们也可能没有意识到自己身上发生了什么事。尽管静电的电流很小，不会对人体造成伤害，也不容易被感知到，但人们依然可以通过一些小实验让静电呈现在眼前。

准备的工具

化纤衣物

实验过程

- 找一件化纤衣服，确保衣服是干燥的
- 在晚上睡觉之前先关掉灯，尽可能让房间里变得更加黑暗
- 拿出衣服，用干燥的手指在衣服上上下下来回滑动，直到看见电火花为止

科学告诉你为什么

为什么会产生放电现象?

静电并不是静止的电，只是宏观上聚集并停留在某个物体上的电荷，它是不流动的（流动的电荷就变成了电流），一般情况下它分为正静电和负静电，其中正电荷聚集在物体表面上时，就会产生正静电，负电荷停留在物体上时就会产生负静电。当这些静电接触地面以及接地物之类的零电位物体，或者存在电位差的物体时，就会产生电荷转移，这个时候电荷就流动了，从而产生电流，人们就可以在夜晚看见火花和放电现象。

人们晚上在关灯后脱掉身上的化纤衣物时，就会发现衣服上突然出现发光的电，因为摩擦后，人体会带上正静电，一旦与化纤衣物接触，身体的正电荷会转移到衣物上，形成电位差和电流，最终制造了放电现象。

如何消除衣服上的静电?

一般来说，人们在握手或者开门的时候遭遇电击，是因为皮肤干燥会导致手上带静电。想要消除静电，那么在握手或者开门之前可以先洗手，或者也可以先用水擦洗门把手。至于想要摆脱衣服上静电的困扰，最简单的方法有好几个，比如用干净的湿毛巾在衣服上轻轻擦拭一遍，或者使用一些柔软剂清洗衣服，这样就可以快速去除静电。有时候也可以使用一个金属物品或者金属衣架轻轻扫过衣服，将所有的静电吸走。在秋冬季节，房间里的空气比较干燥，很容易导致衣服携带静电，因此只要适当地在房间里增加湿度，就能够避免静电停留在衣服上。

同性相斥，异性相吸

同性相斥，异性相吸是一个正常的物理学现象。很多人都玩过吸铁石，将一块吸铁石与另一块吸铁石靠近时，往往会发生相互吸引的现象，这个时候将手中的吸铁石换一个面，两块吸铁石就会发生相互排斥的现象。其实电也是一样，电场也存在这种情况。比如很多家庭都存在静电除尘器，这就是一个典型的利用电场同性相斥、异性相吸原理制造而成的生活用具。当然，在日常生活中，人们也可以做一些小实验来验证电荷之间的同性相斥与异性相吸现象。

准备的工具

两个气球，1根绳子，1张硬纸板

实验过程

- 先用嘴巴将两个气球吹大，气球大小大致相当，并且在充气口打结
- 用绳子将两个气球连接在一起
- 将两个气球分别放在头发上摩擦几十下
- 提起绳子，会看见两个气球开始相互排斥分开
- 接着将硬纸板放在两个气球中间，气球立即靠拢，贴在硬纸板上

科学告诉你为什么

为什么气球在摩擦头发之后会相互排斥，而遇到硬纸板后又会贴合在一起？

电荷在周围的空间场会产生电场，其中正电荷的电场方向是向外的，类似于太阳光向外辐射。而负电荷的电场方向是向内的，整个电场是往中间聚焦的。当正电荷与正电荷靠近时，整个电场就会产生相互排斥的现象。当正电荷与负电荷靠近时，一个向内，一个向外，两者刚好能够产生吸引力。在气球与头发摩擦之后，会产生静电，这个时候气球上携带的都是负电荷，当两个气球都是负电荷的时候，就会产生排斥效应。而在两个气球中间放上硬纸板时，气球上携带的负电荷则会转移到硬纸板上并产生正电荷，而正负电荷是可以相互吸引的，因此气球会贴在硬纸板上。

同类物体相互摩擦不会产生电

当橡胶棒和头皮摩擦的时候会产生静电，当玻璃棒和丝绸摩擦的时候也会产生静电，那么当双手相互摩擦生热的时候，会不会产生静电呢？显然不会，因为人的双手是同一材质，双手所携带的电荷也是一样的，当双手摩擦的时候，并不会产生异性相吸的情况。同样地，将玻璃棒与玻璃棒相互摩擦，或者将橡胶棒与橡胶棒摩擦，都不存在相互吸引的情况，反过来说，它们在摩擦后所携带的同种电荷还会相互排斥，只不过这种排斥并不明显。

自制电磁铁

在日常生活中，经常会用到发电机之类的东西，在发电机上往往可以看到一圈圈的铜丝。许多人对于这些铜丝的作用以及相关的设置不太了解，其实这些线圈叫作电磁铁，它们的作用就是磁化内部的铁芯，从而提升发电机的功率。当然，想要了解电磁铁的作用和原理，完全可以自制一个简单的电磁铁来进行验证。

准备的工具

1节5号电池，1根大铁钉，1卷带绝缘层的铜线，1个曲别针，钳子，电线胶带

实验过程

- 用钳子将铜线两头的绝缘层剥掉几厘米
- 将铜线的中间部分缠绕在大铁钉上，要顺着某一个方向一圈一圈紧密缠绕，线圈不能出现重叠
- 将两端去掉绝缘层的铜线接到电池的正负极上，电线用胶带固定
- 将曲别针靠近缠绕了铜线的大铁钉，就会发现大铁钉产生了磁性，将曲别针吸附在铁钉上

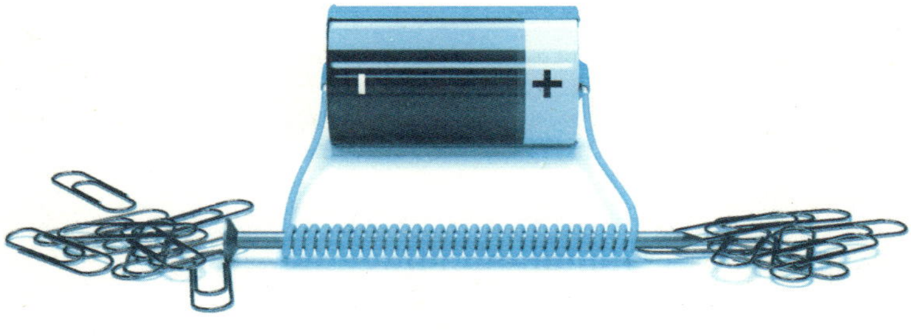

为什么大铁钉会被磁化?

大铁钉本身不具备磁性，它不可能将曲别针吸起来，关键就在于连接电池之后，开始产生电流，而电流会循着之前按同一方向缠绕的铜线运行，这个时候线圈就会产生均匀磁场。这个时候，只要在线圈中心放入铁磁性的物质，这个物质就会被磁化，与此同时，整个磁场的磁性会增强，大铁钉就是这样被磁场磁化的，并且像其他磁石、磁铁一样会出现南极和北极。电线的哪一端连接电池的正负极没关系，因为不管如何连接，都会产生电磁感应，唯一的区别就是大铁钉的极性会产生不同，即大铁钉的南北极会颠倒过来。

大铁钉的磁化不是永久性的

当铜线接到电池正负极时，大铁钉就会在电流的影响下被磁化。但是这种磁化并不是永久性的，只要断开线路，整个磁场就会立即消失。事实上，如果将大铁钉换成钢钉或者钢条的话，磁性就不容易消退，断开线路之后，钢钉上的磁性往往会延续一段时间。其实电磁铁的磁性强弱和电流大小、线圈多少以及中心的铁磁体有关，如果铁磁体是钢物质，那么就无法通过增减电流来有效进行控制。

串联和并联

在日常生活中，许多人家里都购买了多种多样的家用电器，如电视机、空调、电冰箱、洗衣机、微波炉以及各种灯具，这些家用电器都需要和家庭的总线路连接起来，而不同连接方法往往会产生不同的效果。一般来说，常见的连接方式有串联和并联两种。那么如何才能更好地理解串联和并联，并且将其运用到生活当中去呢？人们可以简单地制作一些串联和并联的电路，并通过一些小实验进行直观的理解和分析。

准备的工具

1节5号电池，3个小灯泡，6根带绝缘层的铜线，绝缘胶布

实验过程

■ 用钳子将铜线两头的绝缘层剥掉几厘米

■ 将任意两根铜线通过灯泡连接在一起，先形成平行的3组连接灯泡的线

■ 将这三组线平放在一起，其中一端全部连接在一起，然后用绝缘胶布粘在电池正极上，另一端也连在一起，粘在电池的负极上，这个时候，三个灯泡亮起来，这就是并联

■ 接着，选择4根铜线，用其中两根铜线先将其中一个电池连接起来

■ 然后在这个线路上分别接上另外两个灯泡，三个灯泡处于一条直线上

■ 将这条直线两端的铜线分别接在电池的正负极上，灯泡全部发光，这就是串联

科学告诉你为什么

什么是串联，什么是并联？

串联是将电器首尾依次连接在电路中的一种电路模式，整个电路只有一条，而且任何一处电路出现断裂，都会导致线路中断，其中线路连接段的电压等于所有用电器电压之和。并联则存在一条以上的独立线路，并联当中的电路元件都是独立的，其中一个出现损坏，不会影响其他电路元件的使用。并联电路中各支路的电压都是相等的，并且等于电源电压。

串联和并联，哪一种更适合家用？

家庭用电时，电路设计大部分都是并联，这样就可以保持每一个家用电器的独立使用。如果使用串联的话，那么其中一个电器受损或者出现线路的损坏，就会影响其他电器的正常使用，而在并联线路中不会出现这样的问题。而且并联电路的电压更加稳定，也更加安全，在串联线路中，一旦电器过多的话，高压就会造成更为严重的安全隐患。

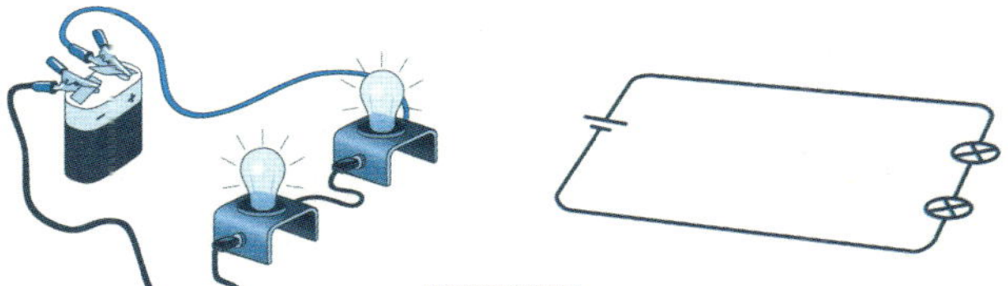

Series Circuit

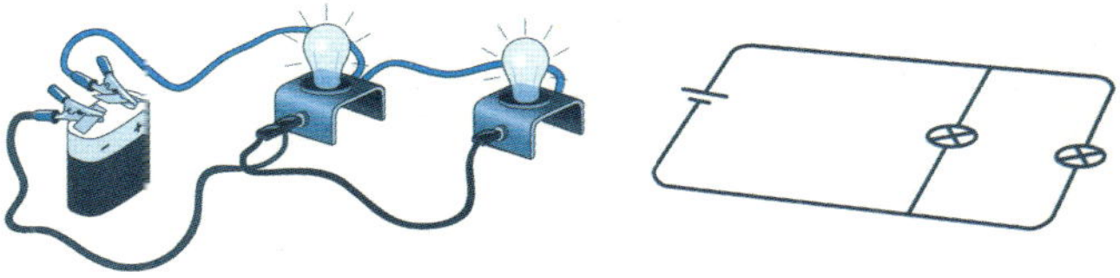

电流导热

在使用家用电器的时候，我们常常会发现电器的外表会产生大量的热量，无论是电视机还是电饭煲，都存在这样的情况。那么这些热量究竟是怎么产生的呢？我们又应该如何来认识这种现象并挖掘它的本质呢？想要弄清楚这些基础的问题，完全可以做一个关于电流导热的小实验。

准备的工具

1个小灯泡，一节5号电池，1根带绝缘层的铜线，绝缘胶布

实验过程

■ 用钳子将铜线两头的绝缘层剥掉几厘米

■ 将铜线一端系在小灯泡上，然后将灯泡的螺纹与电池正极接触，用绝缘胶布固定

■ 将铜线的另一端与电池的负极接触，用绝缘胶布粘在一起

■ 灯泡亮起来之后，先等一段时间，人们会发现灯泡正在慢慢发热

为什么电流通过时会产生热量?

电流之所以会产生热量，原因就在于当电流通过电器时，会因为导体的阻力而消耗掉一部分电能，而消耗掉的电能就会转化成为热能，这就是电流的热效应。很多人也许会说，为什么电饭煲会发热，但是电饭煲的电线不会发热呢？其实这和电阻大小有关，当导电体的电阻很大时，就会导致发热的情况出现，像电线内部都是铜丝和铝丝之类的金属导电体，电阻相对较小，不那么容易发热。生活中有很多电器的主要部分就是发热体，这些发热体往往都是由一些电阻率大、熔点高的电阻丝缠绕在绝缘体上制成的，电磁炉、电熨斗就是如此。

短路的情况下，为什么电线会发热?

事实上，任何导线在导电的时候都会发热，因为任何导体内都存在阻力，只不过是阻力大小而已。一般情况下，线路内部的铜丝阻力小，耗能也少，不容易发热，一旦出现短路，电路上的电压就会全部用来克服导线的阻力，此时的电流量会增加，而电流量大小也决定了发热的程度，在同等电阻的材料下，同一时间段内的电流量越大，耗能也就越多，电线自然越容易发热。

神奇的避雷针

在现代社会，很多高层建筑上都会安装避雷针，这些避雷针的主要作用就是保护建筑物以及建筑物内的人和机器不受到雷电的伤害。那么避雷针的原理是怎样的呢？为什么安装了避雷针，建筑物就可以最大限度地对雷电产生免疫，防止成为雷击的对象？想要了解避雷针的工作原理以及作用，就需要通过一些简单的小实验进行测试。

准备的工具

缝衣针，透明胶布，有机玻璃棒，铁架台，塑料盆，绝缘板（塑料板），自来水，导线若干，感应起电机，验电器

实验过程

■ 取一根有机玻璃棒，用透明胶带将缝衣针固定在玻璃棒的一端，针尖稍微突出一点

■ 取一个化学实验所用的常用铁架台，将玻璃棒用铁架台上的夹子固定住，确保粘着缝衣针的一端朝下

■ 在缝衣针下方放一个塑料盆，塑料盆放在绝缘板上，盆里装半盆自来水

■ 确保缝衣针的针尖端距水面5~10cm，用导线将缝衣针与感应起电机的一极连接起来

■ 再将一根导线一端与验电器相连，另一端裸露部分则插入水中

■ 转动起电机，发现缝衣针的尖端开始放电，使盆里的水带上同种电荷，此时验电器的箔片逐渐张开

避雷针的工作原理

在静电学中，某一个导体带电时，通常来说，导体表面突出和尖锐的地方电荷分布比较密集，这样一来，尖端附近往往更容易形成较强的电场。一旦尖端附近空气中存在正负离子，那么就会在在尖端附近强电场的作用下发生剧烈的运动，然后与空气中的气体分子发生碰撞，并且会将空气分子电离成许多新的正负离子。这个时候，与尖端带同种电荷的离子会因为受到排斥而远离尖端，与尖端带不同电荷的离子会受到吸引而奔向尖端。两种电荷进行了中和，换句话说，导体从尖端一下子失去了电荷，从而形成了尖端放电现象。在雷雨天时，高楼上空容易出现带电雨层，其中高楼顶部会感知到大量的电荷，这些电荷如果不及时引走，就可能引发一些雷击现象。而避雷针的顶端是尖而细的金属，可以有效聚集大部分的电荷，并与云层形成一个电容器。加上它的顶部很尖，与带电云层的对应面积很小，这样就可以更具效率地成为导体，确保云层中的电荷击穿空气并引到身上。而避雷针本身是接地的，可以将电荷引入大地，加上整个大地的电阻很大，根本不会造成任何影响。

避雷针要经常进行检查

避雷针的本质是引雷，如果避雷针出现了断口，那么这个断口以上的部分就会成为一个隔离的导电系统，此时上面一部分会感应到云层中不同性质的电荷，而下面一部分则感应到与云层中同一类型的电荷，当上面一部分与云层一起产生放电现象时，强大的电流只能放在建筑物上，这就增加了建筑物遭受雷击的风险。一般来说，高层建筑上应该安装几个避雷针以防万一，而且工作人员应该经常进行检查和维修。

吸管竖笛

（吸管的长度不同，高低音不同，共鸣）

许多人在喝饮料的时候喜欢使用吸管，因为用吸管喝饮料，可以更加充分地让舌头体验饮料的味道，而且会延长饮用的时间，这比直接大口大口喝饮料更加爽口。而除了喝饮料之外，吸管还有其他一些意外的用处，比如很多人会把吸管当成乐器。那么一根毫不起眼的吸管，为什么可以用作乐器呢？它又是如何发出声音的呢？对于这些问题，人们可以亲手制作一个简单的吸管乐器进行尝试，看看情况是否属实。

准备的工具

3根吸管，剪刀

实验过程

- 取1根吸管，将吸管的一头压扁
- 用剪刀将吸管压扁的那一头剪成一个尖角状，尖端可以稍微修饰一下，不要那么尖锐，以免刺破皮肤
- 将吸管尖端的这一端放进嘴巴，管尖刚好放在嘴唇内侧，而嘴唇卷起盖住牙齿，然后压在吸管上
- 用嘴唇压住吸管，然后往吸管里吹气，为了确保声音的发出更加顺畅，可以用牙齿将嘴里的吸管咬扁一些
- 选取另外两根吸管，用剪刀将两根吸管分别截取一段，两根吸管截取的长度不同
- 按照前面的步骤，分别将两根长度不同的吸管剪出一个尖角，放在嘴里吹气
- 感受一下不同长度吸管吹出来的声音，发现长度不同的吸管，会有高低音的区别

为什么长度不同的吸管会发出不同的声音呢?

吸管之所以会发出声音，和两个因素有关：第一个是振动，第二个是共鸣。当人们朝吸管里吹气时，就会引发吸管的振动。当这种振动在吸管内部来回反射，或者产生回声时，就容易引发共振，从而发出声音，这就是共鸣。这个时候，人们会发现那些能够与吸管内的空气产生共鸣的音符往往更容易演奏出来。不仅如此，吸管的长度对声音的振动和共鸣都会产生影响，将吸管变得更长或者更短，共振发出的声音就会发生改变，而考虑到缓慢的振动需要更多的空间来产生共鸣，所以低音演奏需要较长的吸管，而那些快速、高频率的振动可以产生高音，自然适合使用一些比较短的吸管。

吸管可以做成笛子

吸管可以利用共鸣来发出声音，而且可以像笛子一样进行演奏，当然想要让吸管变成一个迷你的小笛子，就需要在吸管上扎出几个发音和变音的小孔。人们可以沿着吸管每隔一段距离剪出1个小洞，这些小洞可以吹出不同的音符，在吹吸管的时候，可以用手指盖住这些小洞，而被盖住的小洞和没有被盖住的小洞往往会发出不同的声音。对于音乐非常感兴趣的人，还可以学习一下不同的音符，尝试着剪出一些标准音符的小洞。

第三篇

光和磁

水中折断的铅笔

许多喜欢捕鱼的人都遇到过这样的事情：明明自己清晰地看见鱼在水里的某个位置游动，可是当自己用叉子快速叉下去的时候，总是扑空。通常情况下，大家会觉得这是因为鱼的反应比人快多了，当人们举起叉子的时候，鱼可能已经快速做出逃跑的反应了。这只是其中一个方面的原因，更重要的一个原因可能在于捕鱼的人搞错了鱼所处的位置，换句话说，他们眼睛里看见的鱼实际上并不处于那个位置。为什么会出现这样的情况呢？人们可以做一个小实验进行验证。

准备的工具

1支铅笔，1个玻璃瓶，自来水

实验过程

■ 取一个干净的玻璃瓶，往里面装入自来水，确保水质清澈

■ 将铅笔的一半放入水中，会发现水面以上的铅笔和水面以下的铅笔之间似乎折断了

■ 取出铅笔进行检查，确认无误后，再次将铅笔的一半放入水中，铅笔看上去仍旧是折断的状态

■ 将铅笔取出来，并且把玻璃瓶中装满水

■ 将铅笔全部放入玻璃瓶中，观察到铅笔是笔直的状态

■ 将铅笔的一半拿出水面，铅笔重新回到折断的状态

科学告诉你为什么

为什么铅笔进入水中，看起来和折断了一样？

从物理学的角度来分析，水是一种重要的介质，它可以传播声音，可以导电，还可以吸收热量。除此之外，水还可以传导光线，就像人们可以看见水底的石头和鱼一样。不过在不同介质中，光线的速度是不同的，当光线从空气进入水中时，由于空气和水的密度不同，两者属于不同的传播介质，空气的传播速度发生了变化，以至于从空气射入水面的光线和水下的光线发生了偏移。简单来说，这是一种光线的折射现象，其中光线的折射角大于入射角，而进入人眼的光线就是折射后的光线，形成了一个虚像，从而产生了铅笔折断的错觉。

平时去野外游泳要注意水的深度

经常去游泳的人都知道，当泳池或者河里的水非常清澈时，水看起来会非常浅，可是跳进水中的时候就会意识到水的深度远远超过自己的判断。之所以会出现这样的情况，就是因为人们的眼睛实际上被折射的光线欺骗了，人们看见的水底实际上只是一个虚像，它看上去比真实的水底要浅一些。所以当人们去泳池尤其是野外游泳时，一定不要冒冒失失下水，因为你所看见的水深并不是真实的，在不了解真实深度的情况下，还是应该谨慎一些。

斑斕的七色光

在雨后放晴的时候，人们经常会看见天空中出现一道彩虹，而彩虹上所能看到的颜色分别是赤橙黄绿青蓝紫七色。很多人并不知道彩虹为什么会出现，也不知道为什么彩虹上面会显示七种不同的颜色。想要了解这些问题，可以通过简单的小实验亲手制作彩虹，并进行更细致的观察。

准备的工具

1面平面镜，1个水盆，自来水

实验过程

■ 选择一个大晴天，然后将水盆装满水，放到室外的阳光底下

■ 在水盆的旁边放1面平面镜，平面镜最好斜放，同时确保太阳光线可以照射在平面镜上

■ 将平面镜的反射光线对准白色的墙壁上，这个时候就可以看见墙上出现一道七彩的光带

科学告诉你为什么

七彩光带产生的原因是什么？

其实这个实验中利用了光线的散射原理，当阳光照射到水盆里的水面时，水面会折射光线，这些进入镜面的光线出水后再次折射，两次折射使得原本的光线被散开，从而使得人们看到的光线发生颜色上的变化。太阳的光线原本看起来接近于白色，在散射之后就会变成赤橙黄绿青蓝紫七种颜色。人们平时也可以使用三棱镜直接制造这样的光带，因为三棱镜会形成强大的散射效应，而从某种意义上来说，一盆水以及一面镜子，实际上也制造了类似于三棱镜的散射效果。

其他制造彩虹的方法

想要了解太阳光线中的秘密，还可以通过彩虹的其他一些制作方法进行验证。许多小朋友喜欢利用肥皂水吹泡泡，其实在阳光底下吹泡泡的时候，就会发现每一个肥皂泡的外表都是七彩的。人们还可以喝一口茶含在嘴里，然后对着太阳光照射的地方喷出一口茶，尽量确保喷出来的水珠更细一些，这个时候，人们就可以隐约看见一道简单的彩虹。这种制造彩虹的方式和雨后出现的彩虹其实是一个原理。下雨之后，空气中会充斥很多小水珠，这些小水珠会折射和反射光线，并且将光线再次折射出去，这个时候就会形成彩虹。

额外的科学小知识

太阳光并不是我们看见的白色，或者偏一点点黄色，又或者不是夕阳西下时看见的那种红色，当然，也不是彩虹中所看见的那七种颜色，真正的太阳是全光谱的，只不过由于各种光色的波长不一样，以至于人眼无法识别出来。

万花筒的奥秘

很多人小时候都喜欢玩万花筒，对于孩子而言，万花筒里是一个全新的世界，里面那些绚丽的图案让人目不暇接。关于万花筒的内部图案，人们往往会认为万花筒中一定放置了一些非常精美的图片，或者万花筒另一端的玻璃上一定贴了精美的图案，其实万花筒只是利用了光线的一些反射原理来形成图像。为了更好地了解万花筒的秘密，孩子们可以亲手制作万花筒来解开谜题。

准备的工具

透明胶布，透明的塑料片，硬纸片，多张不同颜色的彩色纸条，剪刀，玻璃镜，磨砂玻璃片，玻璃刀，直尺，胶水

实验过程

■ 用剪刀将硬纸片剪成一个长方形，长度和手掌差不多，宽度为十几厘米即可

■ 将剪下来的硬纸片围成一个圆筒状，然后用透明胶布粘好

■ 用玻璃刀小心翼翼地切割3条同等长度的玻璃镜条（如果不会裁剪，可以去玻璃店请师傅帮忙加工），长度为十几厘米即可，宽度控制在2~3厘米

■ 将三块玻璃镜条边对边连接在一起，形成一个三棱镜，然后用透明胶布将这个三棱镜固定好，注意镜面朝内

■ 用玻璃刀裁剪出一个直径和圆筒差不多的磨砂玻璃圆片（如果不会裁剪，可以去玻璃店请师傅帮忙加工），用剪刀剪出一个同等大小的圆形塑料片

■ 剪出一个直径和圆形塑料片相等的圆形彩纸，将彩纸的中间挖空，留出一个小洞，用作观察孔，然后将挖空的彩纸用胶水粘在圆形的塑料片上

■ 将三棱镜放入硬纸片制作成的圆筒中，两端各留出一些空间

■ 将磨砂玻璃圆片放入其中一端，用胶水和透明胶带进行固定，确保不会掉落

■ 用剪刀剪出不同颜色的彩纸纸屑，然后放入圆筒中

■ 将圆形的塑料片放入圆筒的另一端，用胶水和透明胶带封好

■ 透过圆形塑料片这一端的小孔，就可以看见圆筒内绚丽的图案了

科学告诉你为什么

万花筒的原理

万花筒的本质是平面镜的成像原理，即通过光的反射产生相应的影像。而万花筒是由三块等长等宽的玻璃片组成的，当这三块玻璃片边对边围在一起的时候，就会形成一个三棱镜，其中每一块玻璃片都会将里面的图案照出来，同时将其他玻璃片中的图案照出来，也就是说，图案会在三块玻璃片当中来回反射，最终形成绚丽的图案。

多种多样的万花筒

万花筒的形态多种多样，常见的圆筒形万花筒是孩子们非常喜欢的类型。除此之外，还有其他一些功能更加丰富的万花筒，比如很多万花筒的里面装着一个旋转的开关，通过旋转就可以让内部的图案瞬息万变。一些婚礼上会设置一些两边都可观看的万花筒，一般一侧的圆筒内有2片镜片，另外一侧则有3片镜片。还有一些人会在万花筒内放入2枚滤光器，在滤光器之间则放置一片故意弄皱的塑料膜，这样就可以借助塑料膜产生偏差光，这样的偏光滤光器可以形成诸如彩虹、极光一样的图像。不过这种万花筒往往需要借助比较强的光线才能发挥应有的效果。也有一些人会将望远镜和万花筒结合在一起，一举多得。

镜子的原理

镜子是日常生活中非常常用的一种生活工具，人们几乎每天都要用到镜子，无论是梳妆打扮，还是整理仪容，都需要借助镜子。很多人都非常好奇，为什么镜子明明是实体物质，里面却可以装下照镜子的人，以及镜子面前所有可见的东西，而且哪怕是手掌一样大的镜子，也能够将整个房间里的东西装进去，或者将身后的一整座大山也装进去，而且里面的东西和外面的东西看起来是一样的。那么镜子为什么可以做到这一点呢？

准备的工具

两个镜子，苹果，打火机

实验过程

■ 仔细观察苹果的外形，然后将其放到一面镜子前，镜子中就会出现一个一模一样的苹果

■ 对着这面镜子将打火机点着，镜子中同样也会出现一个点着的打火机

■ 再取来一面镜子，两面镜子保持平行状态，并且各自与地面呈90°角

■ 将苹果或者点燃的打火机放在两面镜子中间，就可以看到任意一面镜子中出现了多个苹果或者打火机

■ 将其中一面镜子倒在地上，另一面镜子与地面相交，两面镜子呈90°角或者钝角

■ 将苹果或者点着的打火机放在两面镜子之间，任意一面镜子中就只能出现一个苹果或者点着的打火机

科学告诉你为什么

为什么镜子中可以成像?

镜子的表面非常光滑，这就使得它具有强大的反射光线的能力，当人们照镜子的时候，镜子中就会显示出人的影像，这就是镜子的成像原理。简单来说，成像原理就是平面镜或者非平面镜反射光线的能力，当反射光线进入人眼中时，就会在视网膜上形成视觉，这个视觉与物体本身的形态一致。在平面镜中，一束平行光束接触镜子，会以平行的方式改变前进方向，这样一来，人们所看到的镜中之物自然与实物一样。

镜子中的物体是否与实物完全一致?

很多人照镜子的时候，会认为镜子的反射是全方位的视觉复制，但是只要认真观察就会发现，这些反射光线在进入眼睛之后，方向是相反的，比如一个人在照镜子的时候，他的左脸在镜子里会变成右脸，他举起的右手在镜子中会变成左手。很显然，镜子中所呈现的其实只是一个虚像，这个虚像的左右方向与实体实际上是相反的，这就是为什么很多人在照镜子中认定的自己，会与外界所认定的自己存在一定的差别。又或者说，很多人在梳头的时候，会发现自己明明觉得头发往左边梳的时候很不错，但在现实中就会被人吐槽头发往右梳了很难看。

颠倒的画面

许多人都会去湖边游玩，在风和日丽的天气，去湖边欣赏美景无疑是一件惬意的事情，而在湖边游赏的时候，人们往往会发现这样一件事，那就是湖面常常会显示出湖对面的一些风景，比如大山和树都会在水中呈现一个虚影，只不过这些影像并不是人们平时照镜子那样的和实物保持一个基本相同的状态，湖面上映出的往往是大山和树的倒影。那么为什么湖面在反射光线的时候会出现倒影呢？想要了解这一点，可以从一个简单的小游戏中找到答案。

准备的工具

2面镜子，1本书，1个木偶玩具

实验过程

- 取一面镜子，水平放在地面上
- 将一本书立在镜子的一端，书与镜子可以隔开一段距离，并且刚好与镜子呈90° 角
- 观察者站在镜子的另一端，与镜子的距离基本上与书本和镜子的距离相当
- 这个时候，观察者会发现，自己透过地面上的镜子可以看到书本，但是书本是倒立的
- 观察者在镜子的另一端放上一个木偶玩具，然后自己退到镜子的另一端观察，同样可以发现木偶在镜子中是倒过来的

科学告诉你为什么

镜子中的图像为什么会颠倒过来呢?

在镜子中之所以会出现颠倒的画面，原因就在于光线在接触镜子的时候，往往会形成一条入射线、反射线，还有一条名义上垂直于镜面的法线，其中，入射线和反射线与镜面的夹角是一致的。当物体与镜面平行的时候，光线会垂直射到镜面上，然后垂直于镜面反射出来，这个时候，入射线、反射线、法线位于同一位置，人们自然只能看见和实际相同的物体。一旦物体与镜面不是平行的（比如呈90°角），那么在镜子中看到的就是一个倒过来的成像，因为入射线触碰镜面后会形成反射线，越是顶部的位置，在镜面中的反射线越靠近观察者，越是接近底部的部位，越是远离观察者，这个时候物体所有部位的反射线进入人的眼中，自然形成的就是一个倒立的图像。

图像颠倒的其他方式——小孔成像

在昏暗的房间内点燃一根蜡烛，然后把一张纸片放在蜡烛旁边，纸片上挖一个小孔，这样依靠位于蜡烛和墙壁之间的纸片小孔，就可以将蜡烛映在墙壁上，而且蜡烛在墙壁上是倒立的，这就是小孔成像原理。该原理的本质就是光线在同种均匀介质中是按照直线进行传播的，假设在蜡烛正中间做一个标记，这个标记刚好与小孔位于同一水平线上，那么蜡烛火苗肯定高于这个水平线，当火苗的光线进入小孔，穿过小孔后继续直线照射到墙壁上，火苗的虚像是低于水平线的。而蜡烛底部原本是低于水平线的，但是它的光线穿过小孔映照到墙壁上，却高于水平线，可以说蜡烛的首尾已经颠倒了位置，这就是为什么人们会在墙壁上看到一个倒立的蜡烛图像。

彩色陀螺中的白色光

陀螺是一种非常常见的玩具，很多人小时候都玩过，而且有些人为了让自己的陀螺看起来更加美观，会在陀螺上描绘一些不同的颜色，比如大家都喜欢制作彩色的陀螺，并且认为彩色的陀螺转动起来一定会绚丽缤纷。但事实上，当彩色的陀螺转动起来之后，人们并没有看见所谓的彩色图案，反而看到陀螺在转动中变成了白色。陀螺明明涂成了彩色，为什么会变成白色呢？想要解开这个疑惑，可以动手做一个陀螺进行分析。

准备的工具

木头陀螺，彩笔

实验过程

■ 去商店购买一个木头陀螺，然后购买一盒彩笔

■ 将陀螺分成几个扇形部分，在不同的扇形区域用不同颜色的彩笔涂颜色

■ 转动陀螺，就会发现原本彩色的陀螺变成了白色

■ 擦拭原来的颜色，然后将颜色的顺序和位置打乱，重新进行涂色

■ 转动陀螺，观察陀螺的颜色仍旧为白色

为什么彩色陀螺在转动时会出现白色的光？

其实转动中的彩色陀螺会呈现白色，并不是因为颜色真的发生了变化，而是因为转动中的陀螺使人的眼睛产生了视觉上的误差。人的眼睛具有暂留景象的特点，彩色的陀螺在转动过程中，其中暖色的转动交换的频率超过眼睛的滞留时间，这样就会像看电影一样，将冷暖色的光谱无缝连接起来，这个时候，在视觉上就会形成冷暖色的复色即白色。如果转动的速度很慢，暖色移动交换的频率仍旧在眼睛滞留时间范围内，那么人们看到的就仍然是彩色的图案。

额外科学小知识

七彩的陀螺在转动时会出现白色，而当黑白色的陀螺转动时，则会产生彩色的视觉效果。科学家们认为人的眼睛之所以可以看见颜色，就是因为视网膜上具有三种常见的感光细胞，它们对红色、蓝色和绿色非常敏感，而这三种细胞对颜色的反应时间有一定的差异。白色是混合光，里面也含有红、蓝、绿等颜色，而视网膜中的感光细胞会分别对这些颜色产生差异化的反应，在陀螺静止的时候，产生的神经信号传入大脑时常常来不及处理而混合在一起，这时候只能形成白色的画面。当黑白画面开始转动时，感光细胞的差异反应会体现出来，大脑中接收的红、蓝、绿颜色信号的产生先后不同，从而形成了先偏红后偏蓝的效果。

会转弯的光
（全反射现象）

海市蜃楼是世界上最奇特的自然景观，一般出现在海面上或者沙漠中，观测者可以看见天空中平白无故地出现一些高楼大厦或者树木和森林，而这些风景通常来自其他地方。不仅如此，海市蜃楼往往很快就会消失，它就像一种幻象一样，让人觉得惊叹。那么海市蜃楼究竟是如何产生的呢？为什么它会呈现其他地方的景象呢？其实海市蜃楼的出现和光的折射、反射有关系。想要了解这些知识，可以做一个小实验来说明。

准备的工具

玻璃杯，水，1张塑料卡片，1个透明袋

实验过程

- 将塑料卡片竖着放进玻璃杯里，往玻璃杯里倒水
- 站在玻璃杯旁边，从上方往下看，这个时候可以清晰地看见塑料卡片上的图像
- 将塑料卡片塞进透明袋中，然后将透明袋竖着放入水中
- 观察者仍旧站在同一个位置进行观察，发现根本无法看清塑料卡片，塑料卡片上的图像就像消失了一样

科学告诉你为什么

塑料卡片上的图像为什么看不见了？

当光线从一种介质射向另一种介质时，一般会有一部分光进入第二种介质，这些光被称为折射光，而另一部分光会反射回第一种介质当中，这些光被称为反射光。当第一种介质的折射率大于第二种介质的折射率时，折射角大于入射角，而一旦入射角比较大，而折射角增大到了90°，折射光就会消失，此时只剩下反射光，因此这一现象就被称为全反射。当塑料卡片套上透明袋之后，光线经过水以及透明袋内的空气折射，使得折射角增大，就发生了光线的全反射现象。

全反射在现实生活中的应用

全反射的一个重要优势就是光线不会产生折射，光线不会逃逸和泄漏，正是因为如此，科学家们研究出了光纤通信，光纤通信实际上就是利用全反射的原理来传送信息。在设计光纤的时候，特意在光纤结构上设置了中心和外皮两种不同介质，当光线从中心传播时遇到光纤弯曲处，就会发生全反射现象，从而保证光线不会泄漏到光纤外，这样就保证了通信的效率。除了创造反射的条件之外，科学家还会刻意打破全反射的条件，比如科学家们研究出了一种比较常见的照明方式——背光，即从显示器的侧边或是背后提供光线照射，但电子产品的发光管会形成全反射现象，因此需要打破这种全反射的条件，让一些光线从发光管中逃逸出来，形成照明的效果。

磁悬浮列车的秘密

磁悬浮列车是最近二三十年非常重要的一项发明，尤其是在20世纪90年代，各国对于磁悬浮列车的研究工作非常热衷，而且取得了一定的突破。如今，德国和日本在相关领域取得了很大的成就，中国也获得了很大的突破，在2019年5月，速度突破600千米/时的悬浮列车样车在青岛测试成功。磁悬浮列车顾名思义就是列车脱离铁轨，悬浮在车轨上方约1厘米处。在很多人眼中，重量如此惊人的列车怎么可能会浮起来呢，他们实在不相信列车会脱离铁轨而运行，更加担心这样的列车会不会脱轨。对于这些疑惑，只要做一个小实验就可以给出合理的解释。

准备的工具

6块圆圈形的同类型磁铁，塑料架子，新铅笔

实验过程

■ 准备一个塑料架子，在架子底部的塑料板上靠近两端的各两个小孔内放置圆圈形磁铁

■ 拿出一支新的铅笔，将另外两块磁铁分别套在铅笔的两端，磁铁的位置和塑料底板上磁铁的位置相同

■ 尝试让铅笔悬浮，一开始可以感受到磁铁之间的排斥力，铅笔会被力量拽着往外跑

■ 对铅笔和磁铁进行适当调整，找到一个平衡点，确保铅笔不会逃出去，而是悬浮在塑料底板上方

磁悬浮列车的原理

磁悬浮列车主要通过电磁力实现列车与轨道之间的无接触的悬浮和导向，并利用直线电机产生的电磁力牵引列车往前行驶。具体来分析，磁悬浮列车的运行原理有3个：第一个就是，当靠近金属的磁场发生改变时，金属上的电子会移动而直接产生电流；第二个是，当电流在电线或者某块金属中流动时，会产生磁场，其中通电的线圈就是一块磁铁；第三个是磁铁之间存在同性相斥，异性相吸的特性。

而磁悬浮列车就像是一块磁铁，这个磁铁从铁轨（金属物质）上方经过，铁轨上的电子因磁铁磁场改变而开始移动。电流产生之后，电子会形成一个回路，所以铁轨本身也产生了一个磁场。由于两块磁铁都具有磁场，而且相互对着的磁场极性相同，因此铁轨上的磁性会对列车产生排斥力，从而产生一个向上的推动力。当列车行驶很快的时候，这个排斥力也会变得很大，并且最终克服列车的重量，推动列车悬浮着前进。简单来说，磁悬浮列车是超导体电磁铁形成的磁场与轨道上线圈形成的磁场之间所产生的相斥力，使车体悬浮运行的铁路。

磁悬浮列车并不都是建立在同性相斥的原理基础上的

很多人认为，磁悬浮列车之所以可以浮在铁轨上，那么一定是利用磁铁之间的同性相斥原理，对于一般的磁悬浮列车而言，的确是按照这一原理来制造的，但磁悬浮列车的形式实际上还包括常导磁吸式列车。这种列车的运行原理主要在于车辆两侧转向架上安装的常导电磁铁（悬浮电磁铁）和铺设在线路导轨上的磁铁，在磁场作用下产生的吸力，一般用气隙传感器来调节列车与线路之间的悬浮间隙大小，而悬浮间隙大小在1厘米左右。和磁铁间斥力推动磁悬浮列车相比，常导磁吸式列车更加适合匀速城际交通，而且速度一般控制在500千米/时以内。

看见磁场

学习过地理知识的人都知道，地球拥有属于自己的庞大磁场，地球磁场是内部液态金属（尤其是液态铁）的运动或对流产生的结果，在运动或者对流的过程中，液态金属会产生电流，而电流则制造出一个强大的磁场。而在磁场的作用下，内部的液态金属进行更为剧烈的运动，并创造更强的电流，而更强的电流意味着更大更强的磁场。现今人们可以利用这些磁场完成各种工作，但谁都知道磁场并不是一条条明显的线条，那么人们是如何感知它们的存在的呢？依靠一些技术和工具，是否可以看见这些磁场呢？对此，可以做一些小实验来呈现磁场。

准备的工具

吸铁石的粉末（磁力粉），大块的磁铁，白纸，桌子

实验过程

- 将大块的磁铁放在桌面上，然后在上面盖上一张白纸
- 拿出购买的磁力粉，一点点均匀地撒在白纸上
- 这个时候就会发现，白纸上的磁力粉会形成一个围绕着两个点向四周辐射但呈现椭圆形的状态

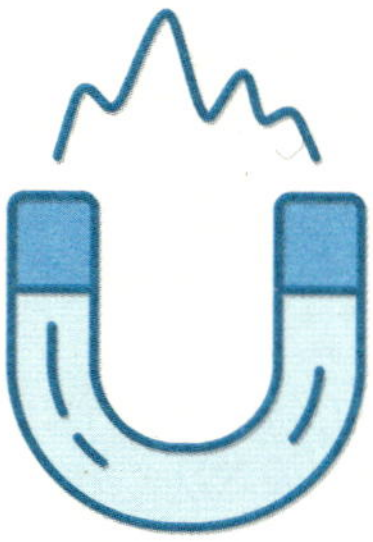

科学告诉你为什么

为什么磁场会在白纸上显示出来?

其实磁场以及磁感线是不可见的，平时书本上看见的磁感线也是一种抽象的表达方式。而磁铁就像一个磁场一样，它会对金属物质及其他磁铁产生磁力影响，磁力粉就是一块块小的磁铁，它们在受到磁场的作用下，就会按照磁感线的方向排列开来。人们可以换一块磁铁进行实验，发现两组实验的磁场图形最终差不多，由此可见，这就是磁场的图形。

鸟类可以看见磁场

科学家们多年以前就发现鸟类不会轻易迷路，它们总是可以很准确地到达自己想要去的地方，而鸟类的这种能力就是因为它们可以看见磁场。瑞典隆德大学和德国卡尔冯奥谢茨基奥尔登堡大学研究人员经过多年的研究，发现鸟类眼中有一种特殊蛋白质Cry4（眼睛蛋白质），这是隐花色素类蛋白质的一部分，隐花色素类蛋白质对蓝光敏感，它是动植物身上调节昼夜规律的物质，也可以被鸟类用来探测地球磁场。像知更鸟就会利用这种物质来感受光的蓝波长。当平行的地磁场穿过鸟类弧面的视网膜时，位于视网膜不同位置的蛋白质Cry4所接收到的磁场方向就是不同的，它们眼中感受到的光也是不同的。这种感光差异可以显示出朝向的不同，还能显示鸟类所处的纬度位置，毕竟不同纬度下地磁场和地平面的夹角是不同的。在这种精确的感知能力下，鸟类就不会轻易迷失方向了。

相反的指向

（磁铁的北极与地球的北极相反）

很多人在小学时代就学习过最基本的地理知识，当面对一个平面时，自然而然地就会想到一句口诀："上面是北，下面是南，左面是西，右面是东。"而在现实生活中，我们都知道"太阳升起的地方就是东方，那么面对太阳时的后背方向就是西方，面对太阳时的左手方向就是北方，面对太阳时的右手方向就是南方。"除了使用这些基础小知识之外，很多人还会携带指南针来辨别地理方向，只要将指南针摆放在一个水平位置，就可以顺利找到南北方向的位置。然而很多人都会提出一个疑问：指南针所指的南北极或者说地理上规定的南北极是不是真的就是地球真实的南北磁极呢?

准备的工具

指南针，桌子

实验过程

- 找一个指南针，放在桌面上
- 等到指针稳定之后，不再晃动，就可以发现指针所指的方向了
- 为了确保更好地了解方向，可以在桌面上左右旋转指南针，让指南针的磁针和定向箭头保持同一条直线，这个时候磁针和定向箭头都指向北方

为什么说指南针实际上是地球的指北针呢？

按照地理的基本规定，小磁针（指南针）静止时所指的南方就叫磁体南极，所指的北方叫磁体北极，可以说这里所提到的南方和北方都是规定的，就像一个事物的名称被规定叫什么一样。而了解地理知识的人都知道，地球本身就是一块大磁铁，具有强大的磁场，它拥有属于自己的南北极，而磁铁之间的一个基本原理就是同性相斥，异性相吸。那么当指南针受到地球磁场作用而指向南方的时候，实际上是因为地球北方的磁极将其吸引到了这一方向上；同样地，指南针所指的北方是因为地球南极磁场的吸引力所致。正因为如此，生活中所认识的南北方实际上与地球磁场的南北极是相反的。

如何使用指南针

在野外旅行或者工作的时候，指南针往往是不可或缺的一个工具，它可以帮助人们在陌生复杂的地势环境中始终找准方向。对于指南针的使用，很多人可能还不是很清楚。其实在使用之前，一定要平摊手掌，手掌与地面平行，然后将指南针放在手掌上，左右摇动手掌，旋转刻度盘。需要注意的是，磁针所指的方向是南北方，这是不会改变的，因此人们可以通过定向箭头所指的位置进行分析。如果磁针和底部的定向箭头在一条直线上，这个时候定向箭头所指的方向就是北方了；如果定向箭头位于北方和东方之间，那么人们所面对的就是东北方向了。

勺子变磁铁

勺子是日常生活中常见的餐具，一般情况下金属勺子是不会产生任何磁性和吸力的，不过很多魔术师在变魔术的时候会用勺子将一些小金属吸附起来，想方设法将其变成一块吸铁石。对于这些魔术，只要了解相关的物理学原理，那么谁都可以做类似的魔术。那么勺子究竟是如何变成吸铁石的呢？人们可以在一个小实验中找到自己想要的答案。

准备的工具

金属勺子，吸铁石，曲别针

实验过程

- 将吸铁石在金属勺子上来回摩擦几十下
- 然后将勺子靠近曲别针，将曲别针吸起来
- 将勺子在桌子上用力敲几下，勺子的磁性消失
- 将勺子再靠近曲别针，无法吸起曲别针

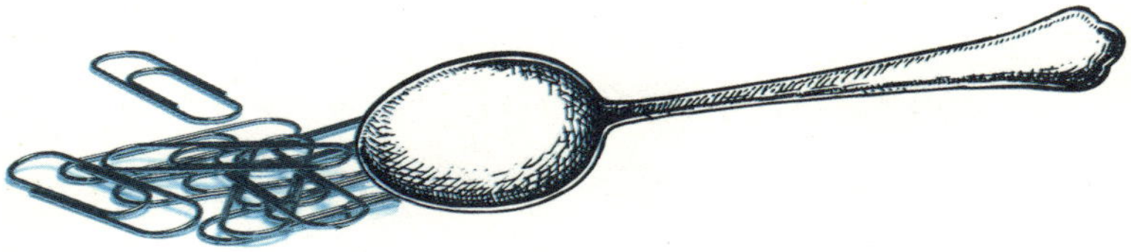

科学告诉你为什么

为什么勺子会产生磁性，而敲打之后磁性又会消失？

勺子本身是金属物质构成的，这些金属物质完全可以看作一个个小小的磁铁，但是这些磁铁的磁性方向都是混乱的，而且相互抵消，因此对外不会产生任何磁性。但是用一块真正的吸铁石靠近它，并进行摩擦时，吸铁石就会将勺子内的磁场顺序强行进行排列，使其变成同一个方向，而这个时候勺子就会对外产生磁力，并将曲别针吸附起来。而敲打几下勺子之后，整个勺子内部的磁性方向又被打乱了，磁性很快消失，自然无法吸起曲别针。

生活中有很多东西都可以变成磁铁

从理论上来说，那些含有铁、钴、镍等元素的金属物质都可以进行磁化，只要用吸铁石或者磁铁在其外表进行摩擦，吸铁石就会将这些金属内的磁性强行排列成一个具有固定方向的磁场，而这个磁场毫无疑问会对外产生磁性。像上面这个实验中的曲别针也可以变成磁铁，只要在吸铁石上摩擦几下，就可以吸附起其他的曲别针或者小铁钉。

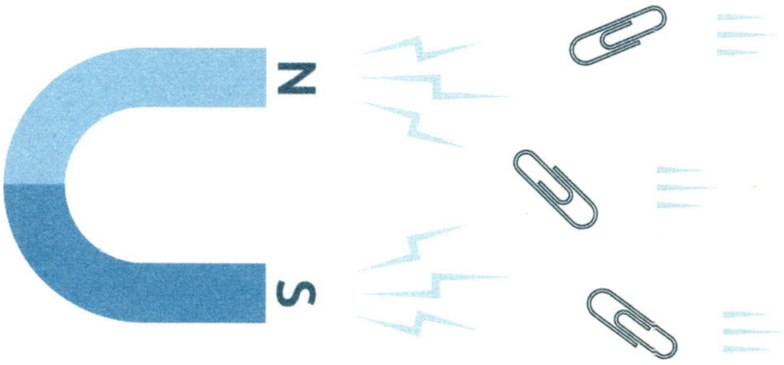

电磁感应

发电机、电动机、变压器等电力设备是生活中非常常见的东西，而且人们的生活也离不开这些东西，很多电力设备的操作都离不开这些东西，如果没有了这些东西，那么汽车和飞机也就不会运作了，电冰箱和电烤箱无法工作，电视也不能提供各种图像和声音。可以说，发电机、电动机、变压器之类的东西影响了生活的方方面面。那么这些东西是如何发明出来的呢？它们之间存在什么共同点呢？从物理学的角度来分析，以上几种设备都是建立在电磁感应的操作基础上的，关于电磁感应，人们可以通过一个小实验来解释。

准备的工具

硬纸一张，电流计，铜丝线，磁棒

实验过程

■ 取一张硬纸，制作成一个空心纸筒

■ 在纸筒上绕上一组铜丝，形成一个铜丝线圈，注意线圈不要重叠在一起

■ 将铜丝线圈的两端接上电流计

■ 将磁棒慢慢插进线圈，也可以来回穿梭，这个时候电流计的指针发生了偏转，即感应到了电流的存在

■ 当磁棒从线圈内抽出的时候，电流计的指针会从反方向发生偏转。当磁棒插进或抽出线圈的速度加快，电流计偏转的角度也会越来越大。一旦磁棒静止不动，电流计就会停止不动

科学告诉你为什么

什么是电磁感应？

电磁感应主要指磁通量变化所产生的感应电动势的现象，当闭合电路中的导体切割磁感线，磁通量发生了变动，这个时候磁场中的自由分子就会发生定向移动，从而产生电流。电磁感应就是发电机的基础原理，以上面这个实验来说，当磁棒在线圈中来回运动时，就会切割磁感线，从而产生电流。在制作发电机的时候，就是通过一些外力来带动机器的运转，然后通过一个磁棒来切割线圈中的磁感线，从而顺利产生电能，当线圈越多，且机械运动越快时，电流也就越大。

电磁感应背后的能量转化

依据能量守恒定理，能量不会凭空消失，它们是可以相互转化的，动能可以转化成势能，光能可以转化成为热能，其中机械能和电能也会相互转化。在电磁感应的实验原理中，电流的产生就是磁棒切割磁感线的结果。从理论上来说，当人们给磁棒施加的力更大时，磁棒的切割运动也就更加快速，而当磁棒的运动加快后，电流也会变得更大。

电动机

电动机是一种非常重要的机器工具，在当前的生活中扮演了重要的角色，日常家庭生活中的电风扇、电冰箱、洗衣机、一些电动机玩具等都离不开电动机，平时使用的电力机车、水泵、机床、电梯等也需要电动机进行牵引。可以说，电动机几乎影响了人们生活的方方面面。那么电动机究竟是如何进行运转的呢？电动机的原理是什么？想要了解电动机的相关知识，可以制作一个简单的电动机进行分析。

准备的工具

铜线圈，2枚回形针，2根电线，1节5号干电池，吸铁石，钳子，小刀，胶布

实验过程

■ 用钳子将回形针拉直，然后做成一端有一个向上凹口的支架模样

■ 用小刀切开电线的两端，电线的一端用小刀去皮，电线的另外一端也要去皮，但是只绕着电线丝切开一半保护层

■ 将铜线绕成麻花一样的形状，并且绕成一个圈

■ 然后将2根完全切开两端的电线分别接在铜线圈上，2根电线的接口必须在圆上保持对称

■ 用胶布将吸铁石粘在电池上，吸铁石正好对着上方支架上的铜线圈

■ 将铜线圈和电线的结合体放在支架上

■ 用胶布将回形针做成的支架粘在电池上，凹口向上，拉直的那一端则固定在电池正负极上

■ 接通正负极之后，发现架子上的线圈开始转动起来

电动机的工作原理

上面这个实验装置实际上是一个简单的直流电动机，它的工作本质就是将电能转化成为机械能。在上面这个直流电动机的模型中，线圈之所以会转动，就是因为接通电源之后，通电导体会产生电流，此时磁铁的磁场对电流受力，从而使得电动机转动起来。电动机会利用通电线圈产生旋转磁场并形成磁电动力旋转扭矩，像电风扇、电冰箱、机床内部的运作都是依靠电动机的发动来推动的。

电动机和发电机的区别

说起电动机和发电机，从字面意思就可以看出，电动机是依靠电力来驱动的，主要是将电能转化成为机械能，而发电机主要是依靠机械的转动来产生电力，属于机械能转化成为电能。电动机和发电机实际上都指向了“电和磁的关系”，电动机是通电导体在磁场中会受到一个力的作用而发生转动。发电机则是电磁感应的原理，在闭合电路中，一部分导体切割磁感线而产生电流。在很多时候，电动机的电机与发电机的电机是可以通用的，只需要变化一下能量转化方式。

磁铁失灵了

（加热）

磁铁是生活中比较常见的东西，很多人都会拿着磁铁去做一些小实验，或者用磁铁吸附一些含有铁、钴、镍等磁性物质的东西。人们对于磁铁物质往往存在一个疑惑，那就是磁铁本身的磁性会不会永久存在，在何种条件下，它的磁性会消失不见呢？将磁铁敲碎，磁性是不是就会消失不见，或者将磁铁进行冰冻和加热，看看最终的结果会怎样。

准备的工具

废旧喇叭，打火机，铁片，镊子，铁针

实验过程

■ 找到一个废旧的喇叭，将里面的吸铁石取出来

■ 找一块铁片，将吸铁石吸附在铁片上

■ 然后将铁针放在吸铁石上，验证吸铁石的磁性

■ 点着打火机，对着吸铁石加热

■ 在加热一段时间之后，吸铁石开始从铁片上滑落

■ 用镊子夹住吸铁石，然后靠近铁针，发现铁针无法被吸住

■ 将吸铁石放在一旁冷却，几分钟后靠近铁片和铁针，发现吸铁石重新恢复了磁性

为什么磁铁加热到一定温度后会消磁?

磁铁的磁性并不总是存在的，它具有一个鲜明的特点，它存在居里温度，居里温度主要指材料可以在铁磁体和顺磁体之间改变的温度，它也被称为居里点。当磁铁的温度低于居里温度时，该磁铁为铁磁体，与其相关的磁场很难改变。当温度高于居里温度时，该物质就会从铁磁体变成顺磁体，磁体的磁场很容易随周围磁场的改变而改变。这时的磁敏感度约为10^{-6}，可以说磁性基本上已经消失不见了。当然，并不是随意加热就可以让磁铁消磁，如果磁铁加热后温度还达不到居里温度，那么磁铁的磁性并不会消失。

磁铁加热在生活中的应用

不同物质的居里温度不同，从科学的角度来说，铁的居里温度为750~760℃，铁矿石的居里温度为578℃，铷磁为80℃左右，钴磁可以达到200℃，铁氧体大约为100℃。在日常生活中，我们经常会用电饭煲煮饭，当电饭煲加热到一定程度之后，负责加热的开关就会自动断开，这个时候电饭煲会进入保温阶段。而在控制加热开关时，最重要的一个部件就是磁铁与磁性材料，科学家在电饭煲的底部中央装了一块磁铁和一块居里点为105℃的磁性材料。一般情况下，当电饭煲加热到100℃时，电饭煲内的水分会慢慢挥发，当水分干了以后，食物的温度将从100℃直接往上升，而当温度达到大约105℃时，原本被磁铁吸住的磁性材料因为达到了居里点，导致磁性直接消失，这个时候的磁铁就对它失去了吸力，而磁铁和磁性材料之间的小弹簧就会把它们迅速分开，并直接带动电源开关断开，电饭煲很快就停止加热。

放大镜火源

（聚焦）

许多中老年人在视力退化之后，喜欢使用放大镜看手机或者看报纸。放大镜具有放大物体的效果，一些形状较小且不容易看清的东西在放大镜的作用下可以以更加清晰的面貌呈现出来。不过放大镜除了放大物体之外，还具有生火的功效，很多去野外工作或者旅行的人会带上放大镜，放大镜的作用就是聚焦太阳光来制造火源。对于实验者来说，也可以利用放大镜来制造火源，而且整个实验非常简单。

准备的工具

放大镜，纸

实验过程

■ 选择一个大晴天，在屋外的空旷地带放一张干燥的纸，确保阳光直射在纸上

■ 取出放大镜，将其放在纸的上方，并且避免自己遮挡住阳光的照射，这个时候放大镜会在纸上留下一个光圈

■ 上下调节放大镜，确保放大镜在纸上的光圈能够聚焦成一个亮点，当纸上的光圈变成一个亮点时，固定住手势和高度

■ 等待一些时间，等着纸张冒烟并燃烧起来，实验完成

科学告诉你为什么

放大镜为什么可以生火？

放大镜是凸透镜，它是根据光的折射原理制成的，中央比较厚，边缘比较薄，这样的设计可以有效聚焦太阳的光线和热量，将射向放大镜的光线聚成一束。当太阳光比较强烈的时候，放大镜聚焦的光束变成一个焦点时就会制造大量的热量，当这些光线落在易燃物品上，就可以将这些物品点燃。

放大镜的倍数越高，就越容易点燃物品吗？

许多人在选择放大镜的时候，都会选择倍数较大的放大镜，他们会觉得放大镜的倍数越高，事物呈现的图像越大，放大镜聚焦的光线自然也就越多。事实并非如此，放大镜的倍数与放大镜的生火功能没有必然的联系。放大镜生火和阳光的强度、物品的易燃程度、放大镜的面积、放大镜与燃烧物的距离有关，而倍数高的放大镜并不会在热量集中方面存在什么优势。

为什么不能在大中午最热的时候浇花？

浇花的时候，水就会以水滴或者水珠的形态沾在花和叶子上，这个时候的水珠就是中间厚、周边薄的天然放大镜，它能够起到聚光的作用，从而将太阳光波中的热量聚焦到一个点上，这个时候就会对花和叶子产生伤害。加上水珠覆盖花和叶子的表面，导致散热功能受到制约，从而使得热量根本无法在短时间内释放出去。在水珠的聚焦加热和阻碍散热两重影响下，花和叶子就会被热量烧坏。还有一点，水的导热性能比泥土更好，当水珠被太阳暴晒之后，大量的热量随着水流到土壤中，将花草的根系破坏。所以在大中午的时候，很多人认为应该浇点水给花草补充水分并且让花草降温，此做法是错误的。同样的道理，很多人喜欢大中午干活的时候往身上浇水，这样反而会导致皮肤更容易被太阳灼伤。

钻木取火

（摩擦生热）

在人类的进化史上，掌握生火的技能以及对火的使用是一个重要的进步，成为推动人类进化的关键，当然古人生火采用的大都是钻木取火的方式，譬如，中国就有燧人氏钻木取火的传说，他们也成了生火并且自由控制和掌握火的第一批人。在现代社会生活中，人们可以依据各种各样的工具取火，不过在野外，如果没有其他的工具，那么钻木取火仍旧是一个科学有效的取火方法。而在日常生活中，人们也可以借助这种方式进行实验，而且操作起来还非常简单。

准备的工具

1块干燥的木头，1根干燥且有一定硬度的木棍，干草

实验过程

- 将木头放在干燥的水平地面上，最好固定住
- 将木棍的一头在地上磨得稍微尖锐一些
- 将木棍稍尖的一头抵在木头上，用手握住木棍固定姿势
- 将干草放在木头上，接近木棍的摩擦点
- 将木棍放在双手手心中间，然后来回搓动双手，让木棍的尖端与木头产生剧烈摩擦
- 持续转动木棍，确保木头产生热量，直到木头开始冒烟，然后依靠高温点燃干草，从而顺利产生火源

为什么摩擦会产生热量？

从物理学的观点来说，能量是相互转化的，摩擦是一个机械动作，在摩擦中消耗的机械能会顺利转化成热能，当摩擦的力量越大，消耗的能量越大，转化成的热能也就越多。更深层来说，不同物体在摩擦的过程中会导致物体表面的分子发生相互碰撞，假设一个物体是静止的，另一个物体相对该物体做出运动，那么物体中的分子在撞击的过程中，获得了运动物体中分子的部分或者全部定向动能，而这些分子又会与周边其他分子发生碰撞，这种碰撞是随机的、无规则的，而这种无规则运动的动能就是一种热运动动能增大的表现。这就是为什么快速摩擦物体会产生大量的热量。

摩擦生热的日常使用

古人借助摩擦生热来制造火源，并且吃上了熟食，这是人类进化史上的一个重要进步，尽管人们今天已经不需要使用这种原始的方法来生火了，但是摩擦生热在生活中仍旧大有用处。最简单的一个例子就是冬天的时候，很多人会相互搓手，这就是一种典型的摩擦生热，当双手的皮肤相互摩擦时，就会产生热量，刺激体内的血液循环，保持手上的温度。

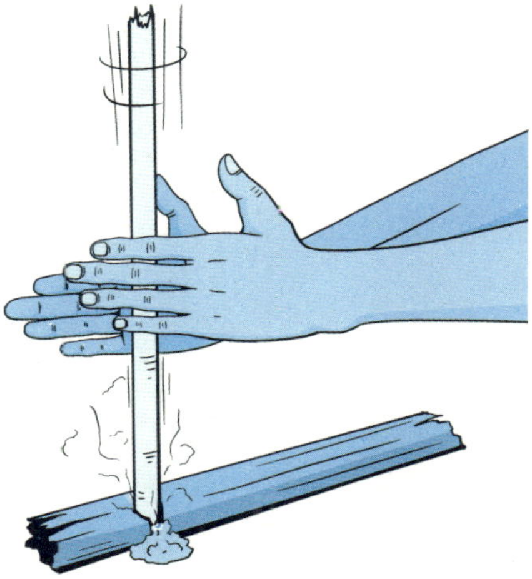

第四篇

力和运动的奥秘

小小降落伞

许多影视剧中经常会播放一些空战片，而在这些空战片中，经常会看到一些士兵乘着降落伞降落到战场上，尤其是一些执行重要任务的突击者，往往会借助降落伞隐秘地到达指定位置。在现实生活中，也有很多人会选择跳伞这一类刺激的运动项目来挑战自我。那么降落伞是否安全呢？它依靠什么进行降落呢？一些人不太清楚降落伞的工作原理，不明白为什么降落伞可以帮助人们从高空安全地降落到地面上。而想要弄清楚这一点，人们可以制作一个简单的降落伞进行分析。

准备的工具

大的塑料袋，画笔，直尺，剪刀，1卷细棉线，回形针，牙签，小玩具

实验过程

■ 将塑料袋放在桌面上，然后用画笔和直尺在塑料袋上画一个边长为10厘米的八边形

■ 用剪刀循着画出来的图形在塑料袋上剪切出一个八边形

■ 用牙签分别在八边形的八个角上轻轻戳一个孔，注意不要撕裂塑料袋

■ 然后用剪刀剪出8根长度为25厘米左右的细棉线

■ 把细棉线穿过各个小孔，在小孔内外两边分别打一个小结，将细棉线固定在小孔上

■ 将8根线的另一头集中在一起，系在回形针上

■ 当降落伞制作完成之后，在降落伞塑料袋的中间用牙签戳一个小孔，用来引导气流并稳定降落过程

■ 人们可以站在高脚椅子上，提着降落伞轻轻从空中抛下，这个时候伞面会打开，然后慢慢下降

科学告诉你为什么

降落伞的降落原理是什么？

从物理学的角度来说，任何下降的东西都会与空气产生摩擦并受到空气的阻力，这个阻力与物体下落的那一面和空气的接触面有关，当接触面越大时，在下降过程中来自空气的阻力也会越大。而降落伞上有一个面积比较大的伞盖或者说伞面，这个伞盖一旦张开，就可以大幅增加与空气的接触面，而这个接触面制造的阻力很大程度上抵消了下坠的重力，能够确保物体在高空中慢慢降落。而降落伞的伞盖上往往会有一些孔洞，目的就是让部分气流缓缓通过这些孔洞，避免空气全部从降落伞的边缘溢出去，以免降落伞发生摇晃和侧翻。

降落伞的降落速度和什么有关？

由于是借助空气的阻力实施降落，那么从理论上来说，伞盖越大，降落伞下降的速度也就越慢。不过降落伞下降其实还和降落伞下的物体重量有关，如果物体比较轻的话，那么降落伞的下降速度会得到控制；如果物体重量太大，以至于下坠的重力远远超出了空气的阻力，那么降落伞下降的速度会加快。当然，如果降落伞下没有物体，或者物体的质量几乎可以忽略不计，那么降落伞很有可能会变得不稳定，因为空气阻力可能会导致降落伞产生颠簸。还有一点需要注意，一般情况下，降落伞在降落的过程中有一定的高度要求，跳伞高度不够的话，降落伞的缓冲和降速能力可能还没能充分发挥出来，这样会对跳伞者造成极大的危害。

降落伞为什么适合无风的天气？

释放降落伞的时候，一般都会选择在一个无风的大晴天进行，因为降落伞在下降的过程中，重力与阻力大体会维持一个均衡状态，确保降落伞保持平稳的状态，但是一旦有大风吹起，降落伞的伞盖就会承受一个横向的力量，这时候原有的平衡就会被这个横向的力量打破，使得降落伞容易发生侧翻。正因为如此，跳伞的士兵或者挑战者通常都会选择在风和日丽的天气进行安全降落。

大小铁球的自由落体

在惯性思维中，人们会觉得体积更大、质量更大的东西在降落过程中会更快一些，而那些体积小、质量偏小的东西，在降落过程中会慢一些。按照这种思维，人们会认为同等高度上落下的大石头比小石头更快落地，一张同等材质的桌子会比一把椅子更快落地，一个大铁球要比一个小铁球更早落地。但事实真的如此吗？为了寻找正确的答案，人们可以做一个铁球降落的实验进行验证。

准备的工具

大小不同的两个铁球

实验过程

■ 爬上二楼的阳台，然后一只手握紧大铁球，一只手握紧小铁球

■ 将双手伸出阳台外，双手保持同一高度，然后同时松手将铁球丢下

■ 让楼下的人在不远处进行观察，看看两个铁球落地的先后顺序

■ 接着将球捡起来，到楼上重复这个抛球实验多次，就会发现每一次抛球时，两个铁球都是同时着地的

科学告诉你为什么

同一高度上的两个小球为什么会同时着地？

从物理学的观点来看，一个物体下降的高度（距离）和下降时间、重力加速度相关，反过来说，下降时间实际上也和下降高度与重力加速度有关（具体来说，下降的高度等于重力加速度乘以时间的平方，然后除以2）。从牛顿的万有引力可以得知，重量不同的两个物体在做自由落体运动时（忽略了空气阻力）的重力加速度是一致的，而抛掷铁球的高度如果也相同，那么两个铁球下降的时间必定也相等。

为什么塑料袋和石头下落的时间不一样呢？

在铁球实验中，关于自由落体运动实际上忽略掉了空气的阻力，毕竟两个铁球即便体积不一样，但是在空气中遭遇到的阻力几乎是相同的，这种阻力只有细微的差异，几乎没有什么影响，因此当铁球在空气中下降的时候，体积和质量并没有影响它们的降落时间。但是塑料袋不一样，塑料袋下降时与空气接触会产生很大的阻力，这个阻力毫无疑问会减缓塑料袋降落的速度，从而延长降落的时间。其实这个实验如果放在真空环境下，比如在一个抽出空气的真空管中，就会发现，塑料袋、羽毛、石头、木屑、铁块的降落速度和时间都是一样的。

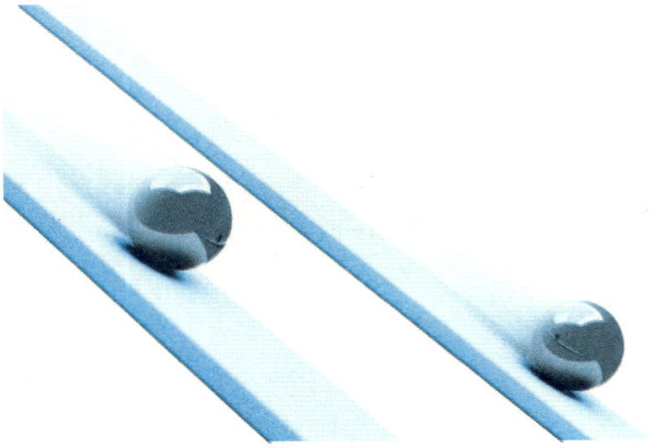

让人漂起来的死海

在小学课本上，很多学生可能都学习过一篇有关死海的文章，大意是说一个人可以在不借助救生圈和其他工具的前提下，躺在死海的海面上看书，这听上去有些匪夷所思。众所周知，人平时是很难漂浮在水面上的，一些不会游泳的人更是一躺下就会很快沉入水中，那么为什么死海可以轻易把人浮起来呢？会不会是书本上的知识写错了？其实躺在死海的海面上看书的情况是真实存在的，死海的确具有这种神奇的魔力，而想要了解其中的奥妙，人们可以做一个小实验进行验证。

准备的工具

1只塑料碗，半桶水，1包盐，1支画笔

实验过程

- 先准备半桶水，然后将塑料碗放入水中
- 等到水面保持平稳，用画笔在塑料碗与水面交界的地方画上一条直线
- 取出塑料碗，然后往水桶里面放盐，可以先放一把盐，搅拌均匀，确保所有的盐溶化
- 此时将塑料碗放入水中，画出水面和塑料碗的交界线
- 之后再次往水桶里加盐，直到盐分不能完全溶化为止
- 将塑料碗放入水桶中，用画笔画出它与水面的交界线
- 最后取出塑料碗，然后观察三次所画的交界线，就会发现随着盐分的不断加入，交界线越来越低，也就意味着塑料碗的吃水量不断下降，它在水里不断往上浮

科学告诉你为什么

为什么盐分的加入会导致塑料碗在水里上浮呢?

水拥有浮力，任何放入水中的物体都会受到这种浮力的作用，当浮力比物体的重力大的时候，物体就会浮在水面上。当物体的重力比水的浮力大时，物体就会在水里不断下沉。而水的浮力和水的密度有关，在其他条件相同的情况下，水的密度越大，水的浮力相对而言也就越大。当人们往水桶中不断增加盐分时，水的密度就会增加，这个时候，水的浮力自然也就不断增加，物体也就不太容易往下沉了。

如何调节浮力大小?

在上面的实验中，想要增加水的浮力，可以适当往水里加盐，直接提升水的密度，从而确保浮力的上升。还有一种方法是提升物体的排水体积。比如一支用光了的牙膏管卷成一团放入水中，它会直接沉入水底，而如果将其做成一个内部空心的牙膏管，那么它可能就会浮在水面上，原因就在于空心牙膏管的排水体积更大一些。浮力的公式是水的密度乘以重力加速度乘以物体排水的体积，当水的密度不变时，增加排水的体积同样可以增加浮力。就像古人一开始直接使用圆木过河，而圆木可以负载一个人的重量，那些对浮力有所了解的人开始尝试着将圆木的中间挖空，这样就可以同时载着两三个人一起过河。

为什么车轮都是圆的

车轮在生活中非常常见，无论是自行车、摩托车、小轿车、货车还是火车，都有车轮，而这些车轮有一个共同点，那就是所有的车轮都是圆形的。那么为什么车轮一定要设计成圆形的呢？难道三角形的、方形的、多边形的车轮不可以使用吗？想要弄清楚车轮为什么要设计成圆形的问题，可以通过一些小实验进行解答。

准备的工具

锯子，尺子，圆规，多块三合板，4根细长的木棍，画笔，剪刀

实验过程

■ 取几块大面积的三合板，用画笔在上面分别画出两个正三角形、两个正方形、两个正八边形，用圆规画出两个圆形

■ 按照画出来的图形，分别用锯子将形状锯下来

■ 将相同的三合板图形放在一起，然后用剪刀的尖头分别在图形的正中央钻一个小孔，小孔的大小和木棍的粗细差不多

■ 取来木棍，将木棍分别穿过两块正三角形三合板图形的小孔、两块正方形三合板的小孔、两块正八边形三合板的小孔，以及两块圆形三合板的小孔，制作成几个简单的双轮车

■ 用手指推动这些双轮车，就会发现圆形三合板制造成的双轮车最容易滚动，而且速度最快

为什么车轮要设计成圆形的?

从理论上来说，三角形、正方形或者多边形的车轮在轮轴的带动下，都可以发生转动，但是相比之下，圆形的车轮在地面上更容易滚动，而滚动的轮胎和地面的摩擦力是最小的，车子只需要克服轮胎和地面的摩擦力即可滚动起来，因此速度也最快，轮胎的损耗也最小。选择其他形状的车轮无疑会影响耗能和速度，带来很大的不便。而且圆形有一个重要的特性就是，圆上的任意一点到圆心的距离都是相等的，简单来说，圆形车轮的车轴距离路面始终是相等的，车子的重心也是固定的，因此车子在行驶的过程中也更加平稳一些。

车轮上需要设置花纹

车轮是圆形的，它与地面的摩擦力很小，这就使得汽车在运行时可以更轻易地保持高速状态，但是当汽车高速运行时，也会面临一个问题，那就是汽车的刹车。一般来说，开车的人想要提升停车的安全系数，尤其是急刹车的安全系数，就不能让轮胎处于一个绝对光滑的圆形状态，而需要适度增加汽车轮胎与地面的摩擦力，既然这种摩擦力显然不适合从形状改变入手，那么方法只有一个，那就是从轮胎的材质以及轮胎胎面设计动手。正因为如此，人们会选择利用橡胶制作轮胎，来增加与地面的摩擦力，同时选择在轮胎上刻出很多花纹，这些花纹能够有效增强轮胎与体面的摩擦力，防止汽车在突然刹车时失控。

撬动一切的杠杆

著名的物理学家阿基米德说过这样一句话："给我一个支点，我就可以撬动整个地球。"虽然听起来更像是一句夸张的话，但这句话中实际上指出了一个非常重要的物理学原理：杠杆原理。杠杆原理在生活中非常常见，人们平时使用的秤就利用了杠杆原理，松紧螺丝用的扳手以及开啤酒瓶盖的工具，也是依据杠杆原理制成的。那么利用杠杆是否真的可以轻易撬动物体呢？它发挥作用的原理又是什么呢？对于这一点人们完全可以通过一个小实验感受一下。

准备的工具

1个大的塑料袋，大石头，沙子，1.5米长的木棍，绳子

实验过程

- 将塑料袋里装满沙子，以自己单手提起来感到非常吃力为宜
- 在塑料袋旁边放一块大石头，然后用绳子将木棍的一端和塑料袋系在一起
- 调整石头的位置，让大石头尽量靠近塑料袋
- 将木棍放在石头上，作为支点
- 自己在木棍的另一端用力往下按，这个时候原本单手很难提起来的塑料袋会轻松提起来

科学告诉你为什么

为什么杠杆很容易撬动物体？

利用杠杆撬动物体、搬运物体自古以来就存在，其中的原理就是杠杆原理。按照这个原理，当人们使用杠杆和支点来撬动物体时，会形成4个基本的要素：第一个是阻力，主要是阻碍杠杆转动的力量，一般指物体的重量或者摩擦力；第二个是动力，即使杠杆转动的力量，指人们在杠杆上施加的力量；第三个是阻力臂，主要指支点到阻力的作用线的垂直距离；第四个是动力臂，是支点到动力的作用线的垂直距离。要让杠杆保持平衡，那么就需要动力与动力臂的乘积等于阻力与阻力臂的乘积。要减少动力的话，就可以增加动力臂的长度，而人的双手越远离支点，动力臂也就相应地越长，动力自然也就越小，即人们施加的力量会变小。

生活中有什么杠杆是费力的吗？

人们制造杠杆的目的是节省力量，提升工作效率，但在很多时候，人们还发明出了一些费力的杠杆，像人们日常吃饭用的筷子就是一个费力的杠杆，一个玉米可以轻易用手抓起来，但是使用筷子往往会感到很吃力。还有医生使用的镊子和理发师的剪刀也是典型的费力杠杆，它们在使用过程中都会消耗更多的体力。那么为什么人们要发明和使用这些费力杠杆呢？就是为了节省距离，或者说为了节省动力臂，既然想要节省动力臂，那么依靠杠杆原理的公式，就必定需要增加动力。就像吃饭一样，如果使用筷子的手指放到筷子最下方，可能夹菜时费力更小一些，但是一点也不美观，而且夹菜时身体需要更加靠近菜盘，稍远的菜可能就夹不到了。正因为想要减少操作时的距离，人们才需要发明一些需要额外增加动力的费力杠杆。

前进的船为什么要向后划桨

许多人都划过船，或者看过别人划船比赛，一个有趣的现象是，人们在划船时，为了驱动船只往前行驶，就需要一直向后使劲，而且往后使的力气越大，船往前行驶的速度往往也就越快。那么为什么船只明明要向前走，却要往后划着船桨发力呢？想要弄清楚这一点就必须了解船桨划船的基本原理。下面可以做一个小实验进行解答。

准备的工具

长条状的硬纸板，橡皮筋，剪刀，脸盆，自来水

实验过程

- 用剪刀将硬纸板的一端剪成尖角状，作为船头
- 用剪刀在硬纸板的另一端剪出一个凹形，作为船尾
- 将橡皮筋拉开，套在船尾的凹形上
- 用剪刀剪出一小块硬纸板，作为船桨
- 将船桨放到橡皮筋中间，按照顺时针的方向缠紧
- 在脸盆中倒入一些自来水，将制作好的硬纸板小船放入，然后就会发现在橡皮筋的作用下，硬纸板制作成的船桨按照逆时针的方向转动，同时推着小船往前走

船桨的工作原理是什么？

依据物理学上的牛顿第三定律，力的作用是相互的，当一个物体的力作用于另一个物体时，另一个物体也会施加一个反作用力给它，当船桨在水中往后拨动时，会有一个向后的作用力，这个作用力遇到水波时，水波会对船桨施加一个反作用力，从而推动划桨的人及小船向前走。

船桨中的杠杆原理

划船是一件非常累的事情，一些参加划船比赛的人更是经常会累得手臂酸痛，原因在于船桨本身就是一种杠杆，而且是一种费力杠杆。很多划船的人都是双手握着一支船桨使劲，此时这个杠杆的支点位于抓手的最高处，如果左手在上，右手在下，那么左手握住船桨的地方就是支点。同理，如果左手在下，右手在上，那么右手握住的地方就是支点，无论如何，这个支点都离自己很近，换句话说动力臂很短，因此船桨属于费力杠杆。一些船本身就设置了支点，但这些支点一般都离自己较近，而这样设置的目的就是节省距离，否则划船的人可能要趴在水面上划船了。

杂技演员的平衡杆

许多表演杂技的人手中往往都会握有一根长长的杆子，尤其是那些表演高空走钢丝的杂技演员，更是将类似的杆子当成不可或缺的一个道具。其实这根杆子就是平衡杆，那么这个平衡杆究竟起到了什么作用，为什么走钢丝的人一定要握着这样的杆子才能走得更加平稳呢？平衡杆顾名思义就是用于保持身体平衡的，对于那些表演走钢丝的人来说，由于脚下踩的钢丝比较细，加上高空作业的影响，难免会步伐不稳，而平衡杆就是为了增加平衡能力而设置的道具。为了验证这一点，人们也可以做一个类似的实验。

准备的工具

1根长木，两块大石头，1根两米长的钢筋

实验过程

■ 找到两块大石头，然后取一根长长的木头，将木头架在石头上进行固定，制作一个简易的独木桥，独木桥的高度不能太高

■ 在确保这个独木桥不会出现晃动的时候，自己站在独木桥上，从这一头走到另一头，看看自己是否走得平稳

■ 分别向身体两侧张开双手，看看自己走得是否比不张开手要稳一些

■ 手里抓着钢筋，双手微微下垂，确保钢筋横在身体前面，双手抓住钢筋后，左右两边的钢筋距离相差不大

■ 握着钢筋在独木桥上走上一遍，体验一下行走的平稳性，在行走过程中，要注意及时调整身体两边钢筋的高低，用来调节身体的平衡

平衡杆的使用原理

平衡杆的作用主要是保持身体的平衡，那么它究竟是如何起到平衡作用的呢？平衡杆一般有一定的长度，一些用于高空走钢丝的平衡杆会达到好几米长，而这么长的平衡杆本身就可以用来调节重心，毕竟当人在细细的钢丝上行走时，身体的重心可能会一直产生变化，加上高空行走时的心态，也会影响重心和步伐的变化，而有了长长的平衡杆，人走路时就可以随时调节身体两边的平衡杆高度和力矩（作用力使物体围绕着支点转动的趋向），将重心调整到和细钢丝保持在同一条直线上。比如当人在走钢丝时，身体微微往左侧倾，只要右手微微下压一点力量，平衡杆就会最大限度地施加一个向右的作用力，使得身体立即保持平衡。事实上，由于平衡杆的存在，身体摆动的周期被放大和延长了，因此人体有更多的时间进行调整。

平衡杆是否有效降低了重心？

很多人认为平衡杆可以降低重心，这种说法有一定的道理。平衡杆一般都比较长也比较重，在行走的时候，平衡杆的两边会略微下垂，这样的确能够更好地降低人体的重心，但是由于平衡杆不可能太重，也不可能太长，因此降低重心的作用在很多时候并不明显。人们使用平衡杆走钢丝，一般不会选择太长的平衡杆，否则可能给操作上带来一些障碍。

不断向上冒的气泡

很多人都会烧开水来喝，当水快要烧开的那段时间内，人们会注意到烧水容器的底部开始出现大量的气泡，并且这些气泡会从小颗粒越变越大，直到浮出水面破裂。许多人都觉得奇怪，明明水里没有其他的东西，怎么会产生那么多的气泡呢？这些气泡是因为什么而产生的，又为什么会越变越大呢？针对这些问题，完全可以做一个烧水的实验进行观察。

准备的工具

一口大铝锅，自来水，燃气灶

实验过程

- 找一口大铝锅，然后往里面装水，只要装一半就行
- 将装水的锅放在燃气灶上，点燃燃气灶，用猛火烧十几分钟
- 仔细观察锅底的气泡，看看它们从水里不断往上冒

为什么水加热后会一直冒气泡？

水在加热到一定温度的时候，之所以会冒气泡，是因为水在加热后就会变成水蒸气，而水蒸气的密度比水要小，它会以气泡的形态不断冒出水面，在给容器加热时，容器底部最先受热，因此容器底部会最早出现水蒸气。而由于水的压强和深度有关，容器底部的压强比较大，水蒸气的体积往往很小，可是随着气泡的上升，水中的压强也会不断减小，这个时候压强对水蒸气的压力就会减小，水蒸气的体积自然会越来越大。此外还有一点，水中本身就含有很多溶解性的气体，一旦水被加热，这些气体就会挥发出来，从而形成气泡。

加热的水中会分解氧气和氢气吗？

了解化学知识的人都知道，水是由氢原子和氧原子组成的，因此很多人觉得水中冒出来的气泡肯定是加热后分解出来的氢气与氧气，但事实上，加热除了会产生水蒸气之外，并不会导致水的化学性分解。想要让水分解出氧气和氢气，需要采用电解的方式，就像很多养鱼的人会将制氧机和鱼缸连接在一起，从而用电解水的方式制造氧气，避免鱼缺氧死亡。

会吃鸡蛋的瓶子

在日常生活中，人们都知道一个基本的道理，那就是一个东西的体积如果比瓶子要大，那么往往很难塞进瓶子里，除非这个东西的伸缩性很强。如果将一个鸡蛋塞进一个瓶口比鸡蛋还要小的瓶子里，而且要确保鸡蛋不会破，是否会成功呢？也许很多人依据惯性思维会直接给出“不能”的答案，毕竟当鸡蛋的体形比瓶口还要小的时候，鸡蛋是难以克服这种体积上的困难的。运用常规方法肯定难以完成这个任务，但是借助一些有趣的小实验，人们可以轻松地将鸡蛋放进瓶子，而且根本不需要自己用力。

准备的工具

熟鸡蛋1枚，细口玻璃瓶1个，纸片，打火机

实验过程

■ 将熟鸡蛋去壳，注意不要将鸡蛋弄破

■ 找一个瓶口比鸡蛋略小的玻璃瓶

■ 将纸片点燃，丢进玻璃瓶中燃烧

■ 等到纸片差不多燃烧殆尽，立即将剥好的熟鸡蛋扣在瓶口

■ 接着，就会看到瓶子正一点一点地将鸡蛋吞进去，之后这个鸡蛋无论怎么倒，也无法从瓶口倒出来

鸡蛋为什么会被吞进瓶子里？

瓶子之所以会吞下鸡蛋，主要的原因在于那些燃烧的纸片，当人们将燃烧的纸片放入瓶子中燃烧时，就会消耗掉瓶子内大量的氧气，这个时候瓶子内的气压会降低，当鸡蛋堵住瓶口的时候，外面的气压就会压着鸡蛋往瓶子里走。另外，纸片在燃烧的过程中会产生大量的热量，当瓶子逐渐从热变冷时，依据热胀冷缩的原理，空气会从原先的膨胀状态迅速转化成为收缩状态，此时加上外面空气的挤压，鸡蛋会迅速被瓶子吞进去。人们平时往塑料瓶里倒热水，然后迅速倒出来并盖上盖子，这个时候塑料瓶就会慢慢收缩干瘪。当然，这个实验中还有一个重要的前提条件：使用的必须是熟鸡蛋。因为熟鸡蛋去壳之后，蛋白具有一定的弹性，这样在瓶口挤压的时候，是不会压迫鸡蛋的。如果使用一个生鸡蛋，那么鸡蛋很有可能会被挤破。

生活中的类似现象

瓶子吞鸡蛋的实验其实和日常生活中的一件事息息相关，那就是拔火罐。很多人都去中医馆或者养生馆拔过火罐，火罐的原理就和瓶子吞鸡蛋一样。当工作人员点燃沾有酒精和棉球的点火设备之后，会将其放入罐体燃烧几秒钟，然后迅速抽出，并且将罐体盖在患者的皮肤上。这个时候，由于罐体内的氧气被燃烧，气压迅速下降，因此外界的大气压就会将罐体紧紧压在皮肤上。

气压问题举一反三

瓶子吞鸡蛋是因为瓶子内的气压下降，导致外界气压将鸡蛋压入瓶口。如果瓶子内的压力比外界的气压要大，那么又会发生什么现象呢？想要了解这一点，可以从高压锅入手。很多家庭都会使用高压锅煮饭或者炖菜，高压锅的原理顾名思义就是通过在封闭的空间内加热空气，当空气受热后会迅速膨胀，从而产生强大的压力，在高温和高压下，食物更容易熟透。而高压锅上有一个出气孔，当压力增加到一定程度后，就会将出气孔上的重锤顶开，确保锅内压力保持平衡。

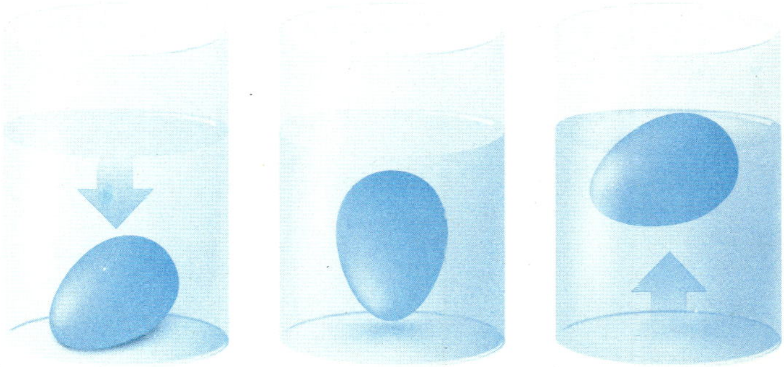

闭合开关，仍旧向前冲的玩具车

（惯性）

人们平时经常会坐车出行，无论是坐私家车、公交车还是出租车，都会遇到这样的情况：当汽车突然刹车的时候，人体会自动向前倾。这时，许多人会产生疑惑，明明汽车已经停止前进了，为什么自己还会继续往前呢？按道理来说，自己坐在车子上，应该和汽车保持同步才对，一起起步，一起保持同样的前进速度，然后一起刹车停止，那么为什么车子能够停下来，而自己却控制不住停止的势头呢？想要弄清楚这个问题，可以拿一个遥控玩具车进行现场实验。

准备的工具

遥控玩具车，米粒

实验过程

■ 找一辆可以正常行驶的大型遥控玩具车，在平地上先进行试开，确保玩具车没有任何质量问题

■ 接下来，将遥控玩具车的马力适当加大，让其在平地上行驶，然后关掉电源

■ 大致确定关掉电源时，玩具车行驶在什么位置，然后观察车子继续行驶的路线

■ 将米粒放在遥控玩具车的顶部，然后将车子的马力开到最大，使其快速行驶

■ 突然按下遥控器上急刹车的键，这时候会看见遥控车虽然在急刹车之后立即停止，但是顶部的米粒往前飞了出去

为什么玩具车在断电和刹车后会出现不同的表现?

对于玩具车来说，当遥控器的电源开关关闭时，车子失去了前进的动力，但是由于车子此前一直都在向前行驶，已经形成了一个运动的惯性，即便电源断开，它依然可以依靠惯性继续前进一段距离。而使用刹车键时，玩具车也产生了很强的惯性，只不过由于轮子被刹车系统控制住了，车子很快停了下来，但是惯性仍旧存在，车顶的米粒就在惯性作用下往前飞出去了。总而言之，当玩具车在行驶的时候，突然之间丧失了前进的动力，也会在惯性的作用下形成一个向前的力。人在坐车时也是如此，车子可以依靠强大的刹车系统很快停止，但是人很难做到这一点，因此会在刹车时往前倾。需要注意的是，当车子处于高速行驶的状态时，前进的惯性很大，即便来一个急刹车也难以抵挡惯性，甚至可能会因为急刹车而发生翻车事故。

惯性的一些知识

事实上，惯性是经典力学中的基础理论，它是指物体保持静止状态或者匀速直线运动状态的性质，静止不动和匀速直线运动都是一种惯性的表现，当外力打破这种状态时，惯性就会发挥作用。比如坐车的时候突然急刹车，是使用外力将运动的车子静止下来，因此会产生向前的惯性。车子突然启动或者加速，人会习惯性地往后仰，这就是因为汽车加速使得静止或者匀速直线运动的车子的状态被打破，从而产生了向后仰的惯性作用力。

弹开中间的积木

（静止物体的惯性）

很多孩子都喜欢堆积木，而在堆积木的时候，当孩子们发现有一块积木放错了时，可能会直接将之前堆好的积木全部推倒。其实在某些时候，可以将那块放错了的积木直接取出来，而不用推倒重来。也许有人会产生疑问：所有的积木在堆积过程中，相邻积木都是贴在一起的，随便抽走其中的一块，就可能直接导致上面的积木倒塌。理论上来说是这样的，但是如果拿走积木的速度够快，积木堆或许能够保持稳定。想要验证这一点，人们可以在堆积木的时候亲自进行实验。

准备的工具

积木，尺子

实验过程

■ 随便找几块积木，按照一块接着一块的顺序堆在一起，一般只要五六块积木就好

■ 堆好之后，让积木造型保持在一个稳定的状态，然后用尺子迅速敲打中间的一块积木，此时这块积木会弹出去，而上面的积木往下掉，正好落在衔接处，整个积木造型仍旧保持稳定的状态

■ 重新将这块弹走的积木放到原位置，然后用手指抓住这块积木，慢慢往外拖

■ 此时会发现，这块积木上面的积木也跟着移动，当积木被抽出来的时候，上面的积木堆轰然倒塌

取走积木的不同方法为什么会产生不同的影响？

在敲打积木的时候，尺子会给积木施加最大的加速度，这个加速度使得被敲打积木的移动速度要超过积木之间摩擦力所提供的最大加速度，这个时候，摩擦力的作用几乎被抵消了，因此该积木与上下积木之间的作用力也就非常薄弱，或者说横向移动的惯性不存在了。此时上面的积木会在重力的作用下惯性地往下掉，从而填补弹出去的积木产生的空缺。而当人们用手指慢慢抽走积木时，作用在积木上的加速度不足以克服摩擦力的影响，这个时候的摩擦力仍旧会提供一个水平方向的力，并产生惯性，而上面的积木原本有一个向下的作用力和惯性，当两种力同时出现的时候，上面的积木就会倾斜倒塌。

弹开积木而保持积木堆稳定的必要条件

用尺子快速弹开积木堆中间的某一块积木，可以保持积木堆的稳定，但是如果整个积木堆本身的堆积结构不是那么稳定，那么用尺子弹开其中一块积木就可能导致积木堆倒塌。比如这块积木刚好是一个受力的支点，或者是整个结构中的关键，那么弹走或者取走都会影响积木堆的稳定。比如将积木堆成比萨斜塔的倾斜模型，弹走中间任意一块积木，都可能产生破坏性的影响。反过来说，如果某一块积木在一个非常稳定的结构中，它的存在或者失去不会对整个结构产生影响，那么用手取走它也不会导致整个结构遭到破坏。

跑得最远的玩具车

（摩擦力）

摩擦力在生活中几乎无处不在，人在走路的时候，鞋子会和地面发生摩擦，脚与鞋子会发生摩擦，身体与空气也会发生摩擦。车子在行驶的过程中同样会产生摩擦力，例如空气、路面都会给车子制造一点阻碍，试想一下，如果没有摩擦力，或者摩擦力非常小，那么车子就可以以更快度的速度前进，或者可以用更小的动力行驶更长的距离。从理论上来说，如果没有摩擦力，车子是可以按照直线匀速运动一直往前行驶，当然，在现实生活中这种情况并不存在，很多时候，运动都是伴随着摩擦力而存在。而关于摩擦力，人们可以用一个小实验来证明它的存在以及作用。

准备的工具

玩具车，斜面，砂纸

实验过程

- 寻找一个斜面，放在地板上
- 将玩具车放在斜面的最高点，然后松手让车子从斜面上自由滑行
- 记录车子从斜面上冲下来后，在地上行驶了多远的距离
- 在斜面前方铺上一层砂纸，让玩具车从斜面上滑行下来
- 观察玩具车在砂纸上的滑行距离
- 对比和分析两次滑行的距离

科学告诉你为什么

不同地面对玩具车的影响

为什么在有的地面上，玩具车可以走得更远一些，而在另外的地面上，玩具车只能走很短的距离？原因就在于不同地面的摩擦力不同。对于玩具车来说，当地面光滑的时候，车轮与地面的摩擦力就非常小，这个时候车轮向前滚动受到的阻碍也就越小，自然也就能够开得更远一些。当地面铺上粗糙的砂纸时，轮子与砂纸之间的摩擦力会增强，车轮向前滚动的力量受到阻碍，在没有额外驱动力的情况下，车子所能走的距离非常有限。

摩擦力不可或缺

许多人认为既然路面越光滑，摩擦力越小，那么是否意味着车子最适合在光滑的道路上行驶呢？情况显然不是这样的，事实上，为了更加平稳地驾驶汽车，科学家们一直都在试图增强车轮与地面的摩擦力，最明显的就是制作抓地能力更强的轮胎。而这样做的目的很明显，那就是避免车子在高速行驶的过程中失控。很多开车的人都知道，冬天如果道路结冰，那么车子行驶会非常困难，刹车系统以及操控系统都会失灵，在这样的道路上行驶非常危险。由此可见，并不是摩擦力越小越好，想要安全行驶，那么就需要适当借助一些摩擦力来保证汽车的平稳。

漂在水中的冰块

在惯性思维中，许多人都会觉得固体的东西一定会比液体的东西更重一些，只要将固体的东西放入液体中，那么通常都会沉下去。但实际上很多固体都是浮在液体中的，比如木头就会浮在水面上，还有就是冰块也会浮在水面上。在冬天湖泊没有完全解冻的时候，就会看见很多冰块浮在水面上。如果此时在水中加入油，又会出现什么样的情况呢？冰块还会浮在最上面吗？

准备的工具

冰块，水杯，自来水，花生油，色素，筷子

实验过程

■ 取一个水杯，往水杯里装半杯水

■ 往水杯中滴入一滴色素，最好是红色、绿色或者蓝色的，搅拌均匀

■ 取40毫升花生油，慢慢倒入水杯中，这个时候就会发现油会浮在水面上，而且花生油与添加了色素的水泾渭分明

■ 从冰箱里取出一块大小适宜的冰块，将其放入水杯内

■ 此时冰块会浮在水杯中，但是介于水和油之间

■ 用筷子将冰块拨到杯底，当筷子移开之后，冰块重新浮上来，回归原先的位置

■ 当冰块慢慢融化之后，水杯里的油面会升高一点

为什么冰块会浮在油、水之间呢?

通过实验可知，水位于杯子的底端，油位于杯子的上端，冰块位于油和水之间，之所以会出现这种情况，就是因为水和油、冰块的密度不同，水的密度最大，冰块虽然是水形成的，但是水分子本身在氢键作用力下，会紧紧挨在一起，体积上也尽量收缩。一旦水结成冰块，水分子之间的距离被拉开并固定住了，氢键的作用力被削弱，体积会增加。当体积增加而密度减小时，冰块自然会浮在水面上。而油的密度比水和冰块都要低，或者说可能与冰块相差无几，这样一来，就会出现冰块介于油和水之间的情况了。

浮动的冰山

通常，人们会觉得山一定是固定的，但是在南极和北极，很多冰山都是随时随地会发生移动的，尽管它们看上去是庞然大物，无论是体积还是重量都非常惊人，但它们一直漂浮在海面上。在夏季来临的时候，一些冰山会和大陆分离，然后在海上漂浮。这样的冰山之所以会漂浮和移动，就是因为冰块的密度比海水的密度要小，因此它们可以浮在海面上。

在两张纸中间吹口气

（伯努利定理）

许多人在初中物理课本上都学习过气压的知识，空气虽然看不见也摸不着，但实际上存在很多的空气分子，而且这些空气分子会产生强大的压力，只不过很多时候人们无法感觉到气压的存在，甚至难以感觉到它的变化。不过通过一些小实验，往往可以发现气压的存在以及气压变化带来的影响。比如小时候很多人都喜欢对着两张略微分开的纸吹气，这就是一个典型的气压变化的实验。

准备的工具

两张普通的白纸

实验过程

- 取两张较薄的白纸，分别用左手和右手捏着
- 将纸张放在嘴边，两张纸之间间隔几厘米的距离
- 让两张纸尽量保持平行，纸张之间的间隔正好对着嘴巴
- 用力往两张纸之间吹一口气，发现纸张迅速靠在一起，之后又慢慢分开
- 纸张分开之后，继续用力吹一口气，两张纸重新贴合在一起

为什么两张纸会迅速贴合在一起？

按照惯性思维，在两张纸之间吹一口气，纸张应该会分开才是，但事实并非如此，纸张会迅速靠拢，因为这个实验实际上运用了伯努利原理。1726年，荷兰著名的物理学家丹尼尔·伯努利在经过无数次的验证之后，提出了一个重要观点，那就是在理想正压流体的流动速度快，气压就会小，压强也会变小；而流体的流动速度慢，气压就会高，压强也会变大。这些流体包括风和水。当人们用力吹两张纸时，空气流动突然加快，纸中间的气压快速降低，而两张纸外面的气压不变，在外界的高压下，两张纸自然会被迫相互靠拢，这个实验完全符合伯努利原理。

额外的伯努利实验

关于伯努利原理的另外一个趣味实验是吹纸杯。将两个相同的纸杯叠套在一起，用手轻轻抓住下面的纸杯，然后用力吹上面的纸杯，要注意沿着水平方向吹气，这个时候上面的纸杯会迅速跳出下面的纸杯。之所以会这样，是因为当人们对着上面的纸杯吹气时，纸杯上面的空气流动加快，气压快速减小，而纸杯下方的空气流动速度并没有发生改变，气压也维持正常，此时下面的高气压就会将纸杯压上去，从而跳出来。

伯努利实验在生活中的应用

很早以前，人们就渴望像鸟一样在空中翱翔，很多人甚至制作了类似于翅膀的东西，但始终没有飞起来，直到有人发现飞翔的秘诀和速度有关，他们开始制作滑翔机器，并且成功实现了在空中翱翔的愿望。之后科学家们从伯努利原理中获得了灵感，认为只要施加一定的动力，提升空气流动速度，从而降低气压，这样就会被大气压托着往上飞，而飞机的发明正是借助了这样一个原理，莱特兄弟之后就发明了飞机。不仅仅是飞机，鸟类在飞翔的时候也运用了这一原理，因为鸟类的飞行速度往往很快，使这个时候翅膀和身体下的空气流动速度加快，促使身体下的气压减小，这样空气中的压力就会将小鸟的身体向上升起来。

用一根筷子提起装米的杯子

在日常生活中，一些魔术师会使用筷子提起一些杯子、瓶罐之类的东西，按照正常的理解，装满大米的杯子有一定的重量，而筷子并没有和杯子系在一起，根本不可能凭空提起杯子。但是如果了解一些物理学知识的人就会知道，将筷子伸进装有大米的杯子里，可以制造出一种摩擦力，这种摩擦力能够有效固定住筷子，甚至帮助筷子提起米杯。想要了解其中的奥秘，完全可以亲自动手做一个类似的实验进行验证。

准备的工具

塑料杯，筷子，大米

实验过程

■ 选择一个不漏的塑料杯，往杯子里装满大米

■ 将一根筷子插入米杯，可以把筷子直接插到被子底部，筷子最好保持直立状态，用手将大米按实

■ 用手握住筷子，轻轻往上提，这个时候米杯就会被筷子提起来

为什么筷子可以提起整个米杯？

一般情况下，筷子本身相对光滑，也没有钩状物，很难将杯子提起来。但是在上面这个实验中，当实验者将大米装满塑料杯，然后将筷子插入大米中，紧接着用力按压大米，这样就可以让大米与筷子之间产生更强大的静摩擦力（物体迅速运动或者静止时的摩擦力叫静摩擦力）。当这个摩擦力比米杯的重量更大时，筷子就能够轻易地将米杯提起来。

该实验的一些误区

许多人认为在这个实验中，塑料杯中之所以要加入大米并进行按压，一个重要的原因就是挤出塑料杯内的空气，当内部空气减少时，外面的气压就会压迫塑料杯，从而挤压大米与筷子，增强两者之间的摩擦力。其实这种说法并不准确，因为大米之间无论怎样挤压，还是会存在空隙，这些空隙足够空气流通，因此关于塑料杯内气压下降的说法并不科学。

自制热气球

许多人都喜欢去土耳其度假旅游，就是因为那里的热气球世界闻名，许多游客都会慕名前去体验。其实热气球在生活中并不陌生，而且热气球的制作原理其实非常简单，虽然很多热气球都是依靠点火装置提供热气，但是它的基本原理就是运用不同空气的密度差异来提供向上托举的力量。在日常生活中，人们也可以制作一些简单的热气球。

准备的工具

塑料袋，蜡烛，三合板，绳子，打火机，小刀

实验过程

- 先用小刀在三合板上切出一个小长条
- 将蜡烛切成一根长度几厘米的短蜡烛
- 将蜡烛点燃，然后将蜡油滴在长条三合板上，并快速将蜡烛粘在这些三合板上，等到蜡油冷却之后就固定住，吹灭蜡烛
- 找一个新的塑料袋，最好是超市使用的那种中小型购物袋，用绳子将固定蜡烛的三合板长条与塑料袋的提手处系在一起，其中留下一根长几米的绳子握在手中进行高度控制
- 用打火机点燃蜡烛，然后将塑料袋的袋口托起来，展开，让蜡烛的热气充分进入袋子内
- 过一段时间之后，就会发现蜡烛的热气托着塑料袋缓缓上升，而实验者注意抓住自己手中的绳子，避免塑料袋飞走

为什么热气球会飞？

热气球起飞的原理是利用了空气热胀冷缩的原理，当热气球中的燃烧器将空气燃烧加热时，空气就会进一步膨胀，体积增加，而体积增加之后，空气的密度就会下降，此时低密度的热空气就会上升，高密度的冷空气下沉，正因为如此，上升的热空气会带动气球往上飞。在使用燃烧器的热气球中，都是依靠这种方式来获得向上爬升的动力的。而除了常规的加热空气方式之外，一些热气球采用的是将氢气和氦气注入气囊的方式起飞，因为氢气和氦气的密度比空气的密度要低一些，因此它们可以带着热气球往上攀升。

生活中的热气升腾现象

在烧开水或者做饭的时候，人们经常会看见一些热气和水蒸气往上蒸腾，其原理就是因为热空气的密度低，能够不断往上面抬升。还有就是野外着火的时候，可以看见燃烧的灰烬被吹到半空中，其实很多灰烬的重量比空气还要重一些，可是在热气的抬升下，这些灰烬会被推到高空，然后慢慢落下。

热气与天气的关系

在天气预报中，经常会提到冷锋和暖锋，所谓冷锋是指冷空气主动向暖空气靠近，然后将暖空气抬升。而暖锋则是暖空气主动向冷空气靠拢，同样地，暖空气会被抬升。一般来说，由于暖空气温度较高，会上升到冷空气的上方，当暖空气抬升到高空后遇冷，就会相应地形成降水。其中，在暖锋中，上升的暖空气会形成雨水，而且多为连续性降水。在冷锋中，暖空气上升后容易出现阴雨降温天气，甚至下雪，但是当强劲的冷空气取代暖空气的位置后，就会降温降湿，出现大晴天。

爆米花的秘密

爆米花是非常流行的一种美食，据说早在几千年前，人类就已经掌握制作爆米花的方法了。现今，很多人在逛街或者看电影的时候，都喜欢买一杯爆米花打发时间，作为一款大人和小孩都喜欢吃的食物，爆米花的确吸引了很多人的关注。那么爆米花究竟是怎样制作而成的呢？爆米花为什么会从玉米颗粒直接变成香喷喷的美食呢？人们可以亲手制作爆米花来寻找相关的答案。

准备的工具

爆米锅，玉米粒，干柴，打火机，支架，袋子

实验过程

- 找一个爆米锅，往里面放入少许玉米粒，盖上爆米锅的顶盖，将开关转紧
- 将盖好的爆米锅放在支架上
- 在支架下方放一些干柴，用打火机点燃干柴
- 保持适宜的火，慢慢旋转支架上的爆米锅，让爆米锅充分且均匀受热
- 当爆米锅达到一定温度，并且充分受热之后，用铁棍打开顶盖上的开关，此时就会听见一声爆炸的响声，然后爆米花就会全部冲进系在顶盖附近的袋子中

科学告诉你为什么？

爆米花爆炸的原理

在爆米锅均匀加热的过程中，锅内的温度会不断升高，使得压强增加。当温度升高到一定程度之后，玉米粒中的水分会逐渐变成水蒸气，而高温下的水蒸气具有很大的压强，原本小颗粒的玉米在高压下会慢慢膨胀裂开，但由于锅内的气压还是稳定的，玉米粒内外部的气压始终保持平衡，因此玉米粒不会在锅内爆开。

当锅内的压强上升到4~5个大气压时，用铁棍撬开爆米锅的顶盖，这个时候锅内的气体会迅速膨胀冲出去，而玉米粒接触外面的低气压时，内部水蒸气的高气压会直接导致玉米粒迅速爆开，呈现一种膨胀开裂的状态，就像花苞开花一样。

高压锅煮饭

平时煮饭的时候，很多人喜欢使用高压锅，因为高压锅煮出来的饭颗粒更加饱满，而且更香一些。那么为什么高压锅煮出来的米饭会更好吃一些呢？原理和爆米花一样。在高压锅加热之后，里面的空气会快速升温，压强增大，这个时候米饭内的水蒸气同样会产生高强度的压强，这个压强会导致米粒从内往外撑开，但是由于高压锅内的气压压强同样很大，因此米粒不会爆开。当米饭煮熟之后，通常都会等待一段时间让高压锅冷却一下，并且让高压锅内的热气和强大气压从出气孔的重锤中排出来，这样打开高压锅的时候，米饭就会呈现颗粒饱满的状态。

乱窜的气球

（充气撒气，作用力与反作用力）

气球是许多孩子童年最喜欢的玩具之一，孩子们可以将气球绑在一起，可以用气球制作各种花式装饰品，也可以将气球当成小火箭来玩耍。比如很多孩子喜欢将气球吹得很大，然后将吹气口松开，这个时候，气球就会快速地从手中溜走，然后在空中漫无目的地四处乱窜。那么为什么气球在放气的时候，会产生这样无规律的飞行轨迹呢？想要弄清楚这一点，可以现场做一个类似的实验进行分析。

准备的工具

气球

实验过程

- 取一个不漏气的气球，先将气球尽可能吹大
- 将气球握在手中，松开吹气孔，这个时候气球就会快速飞出去，并且发出清晰的排气声

科学告诉你为什么

放气的气球为什么会乱飞？

气球在吹大的过程中，内部挤满了空气，由于空间有限，内部的空气会挤在一起，并且对气球的表皮形成压迫，此时气球内部的气压比外面的气压要大。当气球放气之后，里面的大气压就会将空气排挤出来，并且形成强大的反冲力，在这个反冲力的作用下，气球会很快往出气口相反的方向飞出去。不过由于飞行过程中空气的阻力，以及出气口不规则地振动，导致飞行方向不断发生改变，看起来有些盲目而混乱。当气球内的空气排放得差不多了，气球也就失去了飞行的动力。

如果用针扎出一个出气孔，气球会怎样？

气球的出气孔松开后，就会因为排气时制造的反冲力而迅速乱窜。那么如果气球不是密封的，用一根针扎出一个出气孔，是不是一样会导致气球乱飞？事实显然并非如此。当人们用针扎充满气的气球时，由于内部气压比外部气压大，气球内的空气会快速从针孔里冲出来，但是由于针孔太小，排放空气的能力很有限，这个时候强大的气压就会将针孔处薄弱的气球表皮冲破，从而导致气球爆炸。想要避免气体冲出引发的爆炸，可以先在气球表层贴上一块透明胶布，然后用针扎破贴着透明胶布的气球，由于透明胶布抗压能力更强，可以抵御内部空气的高速冲击，因此保证气球不会爆炸。

被吸在水上的铁针

水是自然界中非常神奇的东西，它暗含了多种物理能量，比如坐船的时候，轮船之所以可以漂浮在水面上，是因为水为船提供了强大的浮力。当人们深入水底的时候，身体会感受到强大的压力，这是因为水下的压强很大。人们修建大坝来发电，则是用大坝的高度来利用水的势能，并最终将其转化成为电能。除了这些力和能量之外，水还包含一种有趣的物理力量，那就是表面张力。那么什么是表面张力呢？人们又该如何来认识和了解这种力量呢？对于这些问题，一个简单的小实验就可以帮助人们发现这种神秘的力量。

准备的工具

1个玻璃杯，自来水，很细的铁针，叉子，液体清洁剂

实验过程

- 往玻璃杯里装满水，静置几分钟，等待杯子中的水平稳下来
- 用叉子轻轻地将铁针横向放在水面上，然后慢慢移开叉子，此时铁针会浮在水面上
- 往水里轻轻滴入一滴清洁剂，可以沿着杯沿往下滴
- 等到清洁剂快速散开时，针就会迅速下沉

科学告诉你为什么

为什么针可以浮在水面上?

众所周知，铁的密度要比水的密度大很多，按道理来说，铁针在水中会迅速沉下去，但事实上液体内部的分子之间相互紧挨着，分子之间为了保持均衡距离，稍近的水分子会相互排斥，而稍远一些的水分子就会相互吸引，在液体与空气交界的表面，水分子距离太远，水分子之间由于引力不均衡会形成内聚性的连接，使得分子被吸引到一起，并在相互挤压时形成一层薄膜，这层薄膜就是表面张力。它可以托住原本下沉的物体，当然物体不能太大太重，一旦物体的重量超过水面的张力，物体自然就会下沉。而当人们往水里滴入清洁剂的时候，清洁剂中的分子会迅速扩散，并且打破水分子的内聚性连接，使得水面张力降低，这个时候，铁针就会沉下去。

日常生活中所见到的表面张力

在日常生活中，人们经常会看见一些小虫子直接在水面上爬动，就好像踩着一层透明的塑料薄膜一样。其实这些虫子之所以拥有水上漂的绝技，就在于它们合理地应用了表面张力，它们将四肢放在水面上，尽可能地分散身体重量对水面的压力，只要控制好力度，就可以巧妙地在水面行走和奔跑。在清晨的时候，也可以看见一些小虫子被困在露水中无法逃脱，原因就在于它们无法逃脱水的张力。其实，由于表面张力的影响，液体表面都是趋向于无尽的收缩，这也是为什么空气中的水滴都是呈水珠状的。

第五篇

物质与化学

白酒存久了会更香

许多白酒广告都会强调在酒窖中珍藏多年，一些自酿白酒的人，也喜欢将白酒存放在地窖里，等过几年再拿出来喝，比如很多人喜欢将女儿红或者状元红存放十几年甚至几十年，等孩子长大了再拿出来享用，而存放之后的白酒往往散发着醉人的香味，比新酿的白酒更加香醇，而且比新酿的白酒更为绵柔爽口。那么用粮食酿造的白酒是否真的会越放越香呢？人们可以做一些小实验来验证。

准备的工具

新酿制的白酒，陈年老酒，乙酸乙酯，玻璃杯

实验过程

- 购买一瓶新酿制的粮食白酒，将酒倒入玻璃杯中，用鼻子闻一下气味，会有一点香味，但是香味不够持久甘醇
- 拿起玻璃杯，轻轻品尝一小口（未成年的孩子应该让家长代劳），可以用嘴唇稍微抿一下
- 饮酒者明显可以感觉到新酒入口比较辣，一些不习惯饮酒的人会觉得口腔、舌头和咽喉发热，甚至眼泪也会辣出来
- 接着往玻璃杯内加入适量的乙酸乙酯（注意量不能太大），稍微摇晃一下玻璃杯
- 将鼻子靠近玻璃杯，发现芳香气味更为浓烈，轻轻品尝一口，发现辣味没有那么严重了
- 打开一瓶未开封的陈年老酒，用鼻子闻一下，会发现酒味香醇
- 入口品尝之后，没有那么多辣味，而香醇之气会在舌尖和口腔内萦绕，甚至于房间里也充满了酒香，这种香味和加入乙酸乙酯的新酒非常相似

为什么白酒存久了会变香?

窖藏很久的白酒之所以会散发独特的酒香，原因在于它的内部具有乙酸乙酯，新酿制的白酒中没有多少乙酸乙酯，不仅如此，新酿制的白酒中含有不少醛和酸，这些物质不仅没有什么香味，还带有较强的刺激性，会对饮酒者的口腔、鼻子、喉咙造成刺激，使得饮酒者感觉到酒味的辛辣，而且口感中还略带一些苦和涩。而在自然窖藏陈酿的酒里，酒中的醛在时间的洗礼中不断氧化为羧酸，紧接着羧酸又和酒精（乙醇）发生酯化反应，从而生成具有芳香气味的乙酸乙酯，这样一来，窖藏十几年的白酒自然会变得酒质醇厚。虽然利用一些现代制酒工艺，可以让新酒产生陈酒的香味，但是相比之下，还是自然窖藏的陈年老酒口感更好。

白酒是不是存放得越久越好?

一般情况下，白酒是可以存放几十年时间的，而且存放这么长时间之后的白酒会变得绵柔香醇，不过这并不意味着白酒可以无限期地窖藏，毕竟任何一种酒都是有寿命的。虽然法律规定，乙醇含量超过10%的酒都不用注明保质期，但一坛白酒放上几百年上千年时间，肯定是不能饮用的，因为一旦密封条件不好，温度出现了较大的变化，酒精可能会挥发掉，或者说，白酒内部的不同物质仍旧会发生各种反应，羧酸和酒精会酯化反应过度而生成醋味，这样一来，白酒也就变味了。

隐形的字

在很多影视剧当中，经常会发现有人用毛笔蘸着汤水写字，这些字写在纸上根本看不见，等到过一段时间，往纸上喷洒一些不知名的药水，这些原本隐形的字又会慢慢呈现出来，而且会变成蓝色的字迹。许多人觉得这是一种非常有趣的魔术，或者说只是影视剧夸大其词而已，但实际上隐形字变成跃然纸上的蓝色字迹，不过是运用了一些基本的化学知识而已，只要了解这些化学知识，人们就完全可以自己动手将隐形的字变出来。

准备的工具

毛笔，白纸，大米，水，碘酒，盆，喷雾瓶

实验过程

- 往盆中抓几把大米，然后加入适量的水，水不用太多，把大米淹没一点即可
- 清洗大米，洗出白白的米汤
- 用毛笔蘸着米汤在白纸上随便写几个字，或者画一幅画也行
- 等到纸上的米汤晾干后，取一点碘酒，均匀地洒在白纸上，或者可以取一个没用的喷雾瓶，装入碘酒，然后均匀地喷在白纸上
- 当碘酒喷在米汤写过的字或者画上时，这些字或者画就会变成蓝色显现出来

为什么隐形的字会变成蓝色?

用米汤写字，然后用碘酒喷洒在纸上印出来，原因很简单，就是因为米汤中含有大量的淀粉，淀粉主要包括直链淀粉和支链淀粉，这些淀粉在遇到碘酒之后就会发生反应，其中直链淀粉遇到碘单质后会显现红紫色，支链淀粉遇到碘单质后会显现蓝色，而自然界中的淀粉大部分都是支链淀粉。其中，米汤中70%以上属于支链淀粉，它与碘酒相遇之后，就会变成蓝色，这样一来，就实现了从隐形到蓝色的转变。从分子的角度来分析，就是碘酒内的分子包围淀粉分子的螺旋结构当中，这个时候产生的新物质，其吸收光的性能已经发生了改变，人们看到的颜色自然就会变成蓝色。

用碘酒来检测淀粉

正是因为碘酒会和淀粉发生反应，生成一种蓝色的新物质，因此人们可以使用碘酒来检测某种食物内是否含有淀粉。比如很多糖尿病患者是不能食用高淀粉的食物的，还有一些患有皮肤的淀粉样变的患者也不可食用淀粉含量高的食物。为了更好更安全地甄别是否是高淀粉食物，在食用之前可以取出一点，然后适量涂抹一些碘酒来测试其中是否含有大量淀粉，一般来说，淀粉含量不高的话，颜色变化并不明显。

盐水结晶

许多人都有这样的生活经验，有时候当自己剧烈运动之后，身体会出很多汗，而由于没有及时清洗身体和更换衣服，等到汗水蒸发之后，身上和衣服上会出现一些颗粒状的白色物质，而且这些颗粒物的味道有点咸。许多人都不清楚这些白色物质究竟是如何产生的，也不清楚身体当中为什么会排出这些物质。其实这些白色的物质和盐差不多，而它们的产生也和盐的一些特性有关。想要了解这些知识，可以选择做一些小实验来分析。

准备的工具

金属扎带（装饰用品），水，盐，毛巾，细线，锅，煤气灶，竹筷，玻璃杯

实验过程

■ 先准备一个金属扎带，将其制作成一个简单的星星

■ 在金属扎带上系上一条细线，细线的另一端绑在一根竹筷子上

■ 往铁锅里加一些水，然后往水里慢慢倒盐，并且用竹筷子搅拌均匀，确保盐分充分溶解，直到盐分不再溶解为止

■ 由于盐水的浓度很高，在加热的过程中，锅壁上出现了一些盐粒

■ 将盐水烧开，然后将煮开的盐水倒入玻璃杯中冷却

■ 将金属扎带浸入盐水中，玻璃杯外围围上毛巾

■ 一夜之后，将金属扎带从盐水中取出，就会发现金属扎带上出现了白色的盐结晶，这些结晶大体上为四边形

为什么盐会结晶？

想要了解盐水为什么会结晶，首先要明确结晶的定义。所谓结晶是指热的饱和溶液冷却后，溶质会以晶体的形式析出，这一过程叫结晶。一般来说，不同温度条件下食盐的饱和溶解度不同，其中温度越高的水中，溶解的食盐往往也越多，而当温度降低时，食盐就容易析出结晶。这就是为什么在给盐水加热之后再进行冷却，盐水就会结晶。

盐田的制盐过程

盐田在产盐的时候，就是利用盐水的结晶特性来提取盐的，一般来说，制盐的人会在海岸边修建一些类似于稻田一样的池子，他们会先把含盐量高的海水积存于修好的盐田中，然后通过太阳暴晒来蒸发海水，之后再次将海水放进盐田，接着暴晒蒸发，之后又放进海水来冲洗盐田，这时候的海水就成了卤水。制盐者会将卤水转移到结晶池中，通过太阳继续蒸发水分，这个时候盐的浓度越来越高，会在池子底部沉积，并且形成结晶，而制盐者最终会在盐分结晶到一定程度后收盐。

彩虹“鸡尾酒”

许多人平时都喜欢喝鸡尾酒，鸡尾酒的调制方法多种多样，而不同的调制材料和调制方式，往往会产生不同的口感。近年来，彩虹鸡尾酒非常流行，尤其是一些年轻人去酒吧消费时，往往会来上一杯彩虹鸡尾酒。这种鸡尾酒中往往会存在多种颜色，而且不同的颜色层次分明，看起来非常显眼，就像是一道彩虹挂在酒杯里一样。那么这种多彩的鸡尾酒究竟是如何制作的呢？制作彩虹鸡尾酒的原理又是什么呢？为了了解这些知识，人们可以自己动手制作一杯彩虹鸡尾酒。

准备的工具

高脚的玻璃酒杯，调酒长匙，量杯，棕可可，红石榴糖浆，蜜瓜甜酒，樱桃白兰地，白兰地，蓝鲜橙酒

实验过程

■ 准备一个干净的高脚玻璃酒杯，将调酒长匙放入酒杯中，背部朝上，尽可能顶住杯子内壁

■ 往量杯中倒入8毫升左右的红石榴糖浆，并将这些红石榴糖浆倒入高脚酒杯中，倒酒时轻轻沿调酒长匙顺杯壁缓缓流入

■ 往量杯中倒入8毫升左右的蜜瓜甜酒，并将其倒入高脚酒杯中，倒酒时轻轻沿调酒长匙顺杯壁缓缓流入

■ 之后往量杯中倒入8毫升左右的棕可可，并将其倒入高脚酒杯中，倒酒时轻轻沿调酒长匙顺杯壁缓缓流入

■ 完成之后，往量杯中倒入8毫升左右的樱桃白兰地酒，然后将这些樱桃白兰地倒入高脚酒杯中，倒酒时轻轻沿调酒长匙顺杯壁流入

■ 接下来，往量杯中倒入8毫升左右的蓝鲜橙酒，然后将这些酒倒入高脚酒杯中，倒酒时轻轻沿调酒长匙顺杯壁缓缓流入

■ 最后，往量杯中倒入8毫升左右的白兰地，然后将这些白兰地倒入高脚酒杯中，倒酒时轻轻沿调酒长匙顺杯壁缓缓流入

■ 当所有的酒倒完之后，彩虹鸡尾酒就制作完成了

科学告诉你为什么？

彩虹鸡尾酒是如何形成的？

彩虹鸡尾酒可以分成好几个颜色层次，而且每一个层次的颜色区分都比较明显，许多人会觉得很疑惑，为什么这些不同颜色的酒不会混合在一起呢？按道理来说，这么多酒混合在一起，整个酒的颜色也是混合之后的某一种颜色，并不会像现在这样多姿多彩。其实，这种鸡尾酒的制作原理很简单，那就是把握好不同酒的密度。通常来说，密度越大的东西越往下，在液体中，这种特性更为明显。密度较大的液体比较重，往往会沉在下方，而密度较小的液体相对较轻，会浮在上面。而彩虹鸡尾酒一般都是按照酒类、水、果汁、饮料或者糖浆这种类型和顺序来制作的，其中，糖浆或者甜度比较高的饮料会放在最下面，果汁次之，酒水会安排在上面。在上面的鸡尾酒中，红石榴糖浆的密度最高，蜜瓜甜酒次之，棕可可第三，樱桃白兰地排在第四位，蓝鲜橙酒为第五位，白兰地的密度最小，自然会形成这样一个特殊的层次感。需要注意的是，使用调酒长匙来进行导流，可以避免倒酒时上方的酒对下方的酒造成冲击，直接混合在一起。

彩虹鸡尾酒的形式多种多样

除了使用棕可可、红石榴糖浆、蜜瓜甜酒、樱桃白兰地等酒之外，也可以选择其他类型的酒来制作彩虹鸡尾酒，只要这些不同的酒的颜色不同，密度不同，就能够形成各种不同颜色的彩虹鸡尾酒，只要别把不同密度的酒上下安排的顺序搞乱即可。需要注意的是，彩虹鸡尾酒更多是考虑卖相，并不是色彩越多的彩虹鸡尾酒就越好喝，针对这种情况，人们可以依据自己的饮酒习惯进行安排和制作。

一杯糖加一杯水不等于两杯糖水

许多人都喜欢喝糖水，平时会放一些糖在水中，而在人们的惯性思维中，如果将一杯糖倒入一杯水中，那么调出来的糖水一定是两杯，因为一开始的原料就有两杯，调和之后的糖水肯定也会有两杯。但事实上，当人们去做的时候，发现调出来的糖水还不满两杯。也许人们会感到奇怪，觉得糖和水不会无缘无故消失。人们可以通过一些小实验来证明这种调和的确会让调和物的体积低于不同原材料的体积之和。

准备的工具

2个量杯，白砂糖，水

实验过程

- 先准备一个干净的量杯，确保量杯的刻度精准
- 往量杯中倒入白砂糖，刚好倒到刻度为40毫升的地方
- 取另外一个量杯，往里面装入120毫升的水
- 将40毫升白砂糖倒入120毫升的水中，摇匀，等所有的白砂糖溶入水中
- 观察量杯的刻度，会发现水杯内的体积低于160毫升

科学告诉你为什么

为什么糖分加水之后，体积会相应地减小？

糖水的体积之所以会比糖与水的体积之和更小一些，主要原因在于糖的分子结构与水的分子结构不同，它们本身的分子结构就存在空隙，当两者融合在一起的时候，糖分子就会进入水分子的空隙中，而水分子也会进入糖分子的空隙，这种相互补充的方式会导致分子之间的距离更小，因此体积自然也就会变小。与糖水一样，盐水调成之后，体积也要比盐和水的体积之和要小，原因就在于盐分子和水分子会相互进入各自分子之间的空隙，从而使得体积减小。

如何理解分子间距的问题呢？

无论是糖分子、水分子还是盐分子，都是肉眼不可见的东西，想要了解这些不同分子间距的互相补充，完全可以选择其他方式来表达。比如我们可以准备三分之一瓶石块、三分之一瓶沙子和三分之一瓶的水，将它们混合在一起之后，最终的混合物体积必定达不到一整瓶，原因就在于石块之间的间隙很大，沙子完全可以进入这些大间隙之中，而水则可以进入石块和沙子之间的间隙，进行空隙的补充，这样一来，可能最终的体积只有半瓶或者半瓶多一点。人们可以将石块和沙子当成糖分子或者盐分子来看待，这样就可以更加直观地理解分子间距的问题。

喷洒而出的可乐

可乐是世界上最受欢迎的饮料之一，许多人喜欢喝可乐，并不仅仅在于它独特的甜味，更在于口感，可乐入口时，往往会感觉到气泡在嘴巴里跳跃，还有一些人享受一股气从肚子里呕上来的快感。当然，喝可乐的时候，人们都会发现，当自己打开可乐瓶的时候，会有大量的气泡从瓶子里冲出来，如果瓶子稍微晃动了一下，那么可乐就会喷涌而出。人们在喝水及其他饮料的时候，都不会出现类似的情况，而为什么可乐会直接喷出来呢？想要弄清楚这一点，可以先做一个小实验看看。

准备的工具

两瓶可乐，电冰箱

实验过程

- 取一瓶没有开封的新可乐
- 让可乐静置一段时间，然后慢慢扭开瓶盖，此时会有气体冲出来，但是没有可乐冲出瓶外
- 盖上瓶盖，轻轻晃动可乐瓶，然后打开瓶盖，发现大量可乐冲出瓶子
- 再取一瓶可乐，将其放在冰箱中冷藏半个小时（不用结冰）
- 从冰箱里取出可乐，立即打开瓶盖，发现没有可乐喷洒出来

科学告诉你为什么

可乐为什么会喷洒出来?

可乐属于碳酸饮料，这类饮料通常都不稳定，很容易分解成二氧化碳和水，尤其是在温度升高以及晃动的情况下，大量的二氧化碳就会从饮料中逃逸出来。这个时候可乐瓶内的气压迅速升高，一旦打开瓶盖，这种高气压就会将大量的可乐及气泡冲出来。此外，当瓶子内的二氧化碳逸出时，可乐内部的气压降低，此时，外面的大气压会压迫可乐瓶，促使瓶内的可乐被压出来。

可乐瓶会爆炸吗?

由于可乐瓶内存在大量的二氧化碳气体，当用力摇晃可乐瓶的时候，内部的二氧化碳气体就会迅速从碳酸饮料中分解出来，充斥整个瓶子，从而让瓶子鼓起来。一般情况下，设计者已经考虑到了二氧化碳的含量以及瓶子的承受能力，当用力摇晃瓶子的时候，气体虽然会很充盈，但是不足以引起瓶子的爆炸。当然一些不够正规的厂家，可能会生产出不合格的瓶子，从而存在安全隐患。此外，引发可乐爆炸往往有一些外力的影响，比如在摇晃可乐瓶之后，切不可直接打开瓶盖，因为这个时候开瓶盖，会导致大量的气体从瓶口冲出来，从而增加瓶盖和瓶口的负担，容易对身体造成伤害。还有一点，就是车轮或者重物突然压在可乐瓶上，一样会引发爆炸。家长们平时一定要看好孩子，切不可让孩子去尝试以上这些危险的动作。

向石灰水中吹泡泡

石灰水是日常生活中比较常见的一种物质，它在土木工程中应用广泛，而且还是早期的胶凝材料，在造房子的时候，经常会使用石灰水。不仅如此，石灰水还经常用于临床治疗，比如现代根管治疗、活髓切断术、根尖诱导成形术等；在食品防腐中，石灰水还是最常见的一种低成本食品添加剂，具有杀菌消毒的功效。一般来说，市面上有石灰水直接出售，人们也可以自己购买石灰来制作石灰水。而石灰水晾在空气中存放一段时间之后，往往会产生一些变化。那么为什么会产生这种变化呢？

准备的工具

玻璃导管，澄清的石灰水，气球

实验过程

- 购买一瓶澄清的石灰水（也可以自己进行配置，但是有一定的风险）
- 打开石灰水的玻璃瓶盖，用玻璃导管往里面吹气，为安全起见，防止不小心吸入石灰水，人们可以先准备一个气球，把气球吹大之后，将导管伸入气球口，然后往装有石灰水的玻璃瓶内放气
- 当石灰水接触导管内输入的气体之后，原本澄清的石灰水开始变得混浊，随着输入的气体越来越多，开始出现沉淀物

为什么往石灰水中吹气泡，石灰水会变混浊？

往澄清的石灰水中吹气泡，会导致石灰水变混浊，甚至产生沉淀物，主要原因就在于，人们往石灰水中吹气泡的时候，会吹入大量的二氧化碳，而二氧化碳会与石灰水中的主要成分氢氧化钙发生化学反应，直接生成水和碳酸钙，其化学方程式是：$CO_2+Ca(OH)_2=CaCO_3$（沉淀）$+H_2O$。其中碳酸钙是一种白色的物质，会沉淀在石灰水中。当石灰水越来越混浊的时候，实际上就是碳酸钙的沉淀物质。

难以清洗的水垢

许多家庭在煮水的时候，会发现经常煮水的水壶中存在一些白色的水垢，而且会越积越多，这些水垢无法用清水清洗干净，最终会影响水壶加热时的受热情况。长期饮用这种含有水垢的水，会产生尿道结石和肾结石。而水垢的主要成分就是碳酸钙和氢氧化镁，它们会紧紧附在水壶底部，用清水是无法冲洗掉的，最好的办法就是使用酸来清洗，盐酸、硫酸、硝酸都可以和水垢中的物质发生化学反应，将其分解掉。当然，为了确保安全，最好还是使用醋或者柠檬酸来清洗，只要在有水垢的壶中倒入一点醋或者柠檬酸，在火上温热一下，水垢就开始冒气泡，然后慢慢溶解。

自制火山模型

（碳酸氢钠+醋）

小苏打是日常生活中制作馒头的一种重要材料，很多家庭在制作馒头的时候，会将小苏打当作发酵粉来使用，不过当小苏打加热后分解不足或者放的量太少，做出来的馒头不够松软，气孔非常少。有时候小苏打放多了，馒头倒是松软了，但会色泽发黄，而且有一股明显的碱味，影响口感，并且内部的一些维生素也会被碱破坏掉。为了避免出现这类情况，一些有经验的人就会往小苏打中倒入一点点醋，结果制作而成的馒头非常松软可口，面筋很松。那么为什么在制作馒头时往小苏打中加入一点醋，就会让馒头更加松软好吃呢？小苏打和醋之间究竟会发生怎样的反应呢？

准备的工具

小苏打，白醋，玻璃杯，玻璃片

实验过程

■ 从商场购买一包小苏打，将其倒入玻璃杯内

■ 在玻璃杯内倒入一点白醋，让醋接触小苏打

■ 结果当醋和小苏打接触之后，迅速发生剧烈的反应，玻璃杯中的小苏打与醋的混合物开始沸腾，有大量的气泡产生，甚至喷出玻璃杯外，而小苏打开始不断溶解

■ 有必要的话，可以在玻璃杯上盖上一片玻璃片，这时候就可以看见里面的气泡将玻璃片往上顶，而且会发出“噗噗噗”的声响

科学告诉你为什么

为什么小苏打遇到醋后会反应如此激烈？

小苏打就是碳酸氢钠，它是一种碱，而醋属于酸，当酸和碱相遇的时候，就会产生强烈的化学反应（中和反应），两者会生成大量的二氧化碳。当人们将它们混合在一起的时候，就会有大量的气泡往上冒，而小苏打开始不断溶解，这种激烈的程度就像火山爆发时岩浆往上喷涌一样。其化学方程式为：$NaHCO_3 + CH_3COOH = CH_3COONa + H_2O + CO_2$。许多人平时会误将小苏打和醋混合在一起，就很容易发生这种剧烈的化学反应。由于醋属于弱酸物质，为了确保反应更加激烈，可以适当给醋加热，这样就会产生更为剧烈的反应。

做实验需要注意的事项

小苏打属于碱，从理论上来说，可以和各种酸发生中和反应，其中自然也包括强酸和弱酸。但是在做实验的时候，一定要注意避免轻易尝试将小苏打和强酸放在一起，比如当小苏打和硫酸或者盐酸接触时，可能发生的反应会非常剧烈，这个时候一些没有完全参与反应的强酸可能会喷到身上，从而腐蚀皮肤。因此在做类似的实验时，一定要小心谨慎，避免给自己带来伤害，最好还是选择使用弱酸来做实验。一般来说，醋酸和柠檬酸都属于弱酸，而碳酸虽然也是弱酸，但是比醋酸还要弱，实验的效果可能没有醋酸那样好。

会吐气的土豆

（双氧水浸泡土豆切片，氧气冒泡）

双氧水是一种消毒和漂白的重要物质，许多人在清洗脏东西的时候，喜欢将其浸泡在双氧水中，一些不法商贩为了快速清洗食物和消毒，也会将鸡爪、牛肉、牛肚等食材放入双氧水中浸泡，而这会给购买食材的人带来很大的危害。作为一种消毒物质，双氧水比较稳定，并不容易分解，或者说自然分解的速度非常缓慢。那么怎样才能让双氧水进行分解呢？很多人会想到往双氧水中加入切好的新鲜土豆片，那么这样做是否真的有用呢？针对这个问题，人们完全可以做一个类似的实验进行验证。

准备的工具

双氧水，土豆，玻璃瓶，小刀，自来水，火柴，硬纸片

实验过程

- 选择一个新鲜的土豆，用自来水清洗干净
- 将土豆切出一片，然后将土豆片放入玻璃瓶中
- 往玻璃瓶中倒入购买的双氧水
- 观察玻璃瓶内的反应，发现土豆片上开始冒气泡
- 往玻璃瓶上方盖上一块硬纸片，在硬纸片的中间用小刀挖出一个小孔
- 等土豆片冒泡一段时间之后，点燃火柴，靠近硬纸片上的小孔，发现火柴的火焰突然变加大

科学告诉你为什么

为什么土豆放入双氧水中会冒泡?

按照一般的情况来分析，当一种物质与另外一种物质发生剧烈反应的时候，往往都是因为内部含有的化学物质，当不同的化学成分相互接触时，有可能会引发肉眼可见的化学反应。而土豆之所以能够和双氧水（过氧化氢）发生反应，并产生大量的气泡，就是因为土豆内部拥有过氧化氢酶这种化学物质，而双氧水是一种强氧化剂，虽然平时比较稳定，但当过氧化氢酶和双氧水接触时就会发生反应，直接将双氧水分解成氧气和水，这些氧气会从双氧水中冒出来。而当火柴接触释放出来的氧气之后，自然会燃烧得更旺一些。

类似的实验在医学中的应用

关于土豆片放入双氧水的实验，本质上就是寻求一种分解双氧水的物质，将其转化成为氧气和水，而过氧化氢酶就是一种非常理想的物质，这种物质在几乎所有的生物体内都存在，植物的叶绿体及动物的肝脏中含量比较高。所以，如果想要重复类似的实验，完全可以使用植物的叶绿体或者动物的肝脏来代替土豆。比如医学研究发现，过氧化氢在肝脏中的分解速度要远远超过在心脏中的分解速度，原因在于肝脏中含有大量的血红素酶，它可以有效分解过氧化氢。在医学上，医生经常用过氧化氢来检测细菌中是否含有过氧化氢酶物质，如果细菌存在过氧化氢酶，那么只要将少量细菌放入过氧化氢溶液中，就可以检测到氧气气泡的存在。

牛奶吃醋了

（牛奶加白醋分离出凝乳和乳浆）

牛奶和醋是生活中比较常见的东西，其中牛奶是最常见的营养品，也是人们摄入营养的主要饮料，牛奶中含有很多对身体有益的营养物质，无论是中老年人还是孩子，无论是男性还是女性，都适合饮用牛奶（牛奶过敏者除外）。醋则是非常普遍的调料，炒菜、煲汤、下面条、吃饺子的时候，加入一点醋，无疑可以提升食物的美味，而且醋具有健脾开胃的功效。这两种食物对于身体都有益处，但是很多专家和医生都在强调，牛奶不能和醋同食。那么为什么同样是营养物质，牛奶不能和醋一起下肚呢？两者混合在一起会发生什么情况呢？想要解开这些疑惑，可以直接将牛奶和醋放在一起做实验。

准备的工具

白醋，牛奶，玻璃杯，玻璃棒，滴管

实验过程

■ 找一个干净的玻璃杯，往里面倒入半杯鲜牛奶，牛奶可以提前加热（温度为几十摄氏度即可）

■ 然后往玻璃杯内倒入一点醋，用玻璃棒慢慢搅拌，注意观察玻璃杯内的动静

■ 当醋接触牛奶且搅拌之后，牛奶慢慢变得黏稠

■ 继续往玻璃杯中加醋，但是要控制好量，可以用滴管从醋瓶中取几滴滴入玻璃杯

■ 使用玻璃棒继续搅拌，很快就会发现牛奶中出现了凝胶状的物质

为什么牛奶不能与醋同食?

牛奶中含有大量的蛋白质，而且这些蛋白质大部分是酪蛋白，酪蛋白具有一个明显的特点，那就是当pH<4.5时，它就会凝结和沉淀。而醋中含有多种酸，这些酸的pH值小于4.5，当牛奶和醋相遇时，牛奶中的酪蛋白就会在醋酸的作用下迅速凝结和沉淀，从而产生豆腐花一样的东西。当人们同时食用牛奶和醋的时候，就会在胃里形成诸多凝结沉淀物，这些东西会堵在胃里难以消化，从而引发消化不良、腹痛腹泻、食欲不振等症状。虽然醋具有一定的营养价值，而且有开胃的功效，牛奶更是非常好的营养品，但是二者一旦混合在一起，就会变成伤人的不良食物。

牛奶不能同橘子、柿子之类的水果同食

由于很多水果的pH值都偏低，因此当它们和牛奶同食的时候，水果内部的酸一样会将牛奶中的酪蛋白凝结成块，引起肠胃不适。像橘子、柿子内的果汁都是pH值比较低的，在遇到牛奶之后，就会产生比较明显的凝结作用，因此不适合与牛奶一同吃。此外，牛奶最好也不要空腹喝，很多人每天早晨一起来就冲牛奶喝，其实这也是不科学的，因为经过一晚上的消化，胃部早就排空了，大量的胃酸会分泌出来，这个时候如果直接喝牛奶的话，胃酸就会和牛奶发生反应，导致蛋白质凝结在一起，从而影响牛奶的消化和吸收。最科学的做法是起床之后先吃一点东西垫垫肚子，比如吃片面包或者喝一点粥都可以。

清水冰块和盐水冰块

（同样条件下，盐水难以结冰）

学过初中物理的人都知道，液体会凝结成固体，这个过程就是凝固的过程，所谓凝固，简单来说是物质从液态变为固态的相变过程。具体来说，是在一定压强下，液态的晶体物质温度略微低于熔点时，形成的微粒将会规则地排列成为一个稳定的结构，其中少数微粒按一定的规律排列形成晶核，而晶核会不断变成一个个晶粒，可以说凝固的过程就是产生晶核与形成晶粒的过程。比如水在达到0℃的时候就会结冰，一些人将水放入冰箱中，如果隔一段时间拿出来看，就会发现水会一点点结成冰，从小冰晶结成冰沙，再从冰沙结成冰块。如果在水中加入一点盐分，那么盐水在0℃的时候是否也会结冰呢？

准备的工具

2个玻璃杯子，自来水，盐，电冰箱

实验过程

■ 取一个玻璃杯，往里面装入半杯纯净的自来水（常温）

■ 取另一个玻璃杯，往里面装入半杯纯净的自来水（常温），然后倒入一点盐，摇晃均匀，让盐分充分溶解

■ 将两杯水放入电冰箱中，温度设置为0℃或者−2~−1℃

■ 关上电冰箱，每隔10分钟打开一次，观察两个玻璃杯内的变化

■ 可以发现，当装有清水的玻璃杯内开始结冰时，装有盐水的玻璃杯还没有结冰

科学告诉你为什么

为什么盐水比清水更不容易结冰?

不同物质的凝固点是不同的，清水一般在0℃就会结冰，但是盐水需要在零下十几摄氏度的时候才有可能结冰，就是因为在水中加入盐之后，浓度增加，盐中的钠分子与水分子结合起来，直接把水分子从相对紧密的固态变成自由的液态，可以说钠分子有效降低了水的冰点。此外，钠分子的存在干扰和打乱了水分子按照规律排列形成晶核的方式，使得水难以顺利结冰。这也是为什么很多地方的海面上明明气温已经低至零下的温度了，但是海面依然没有结冰，因为海水里的盐分比较高，凝固点则要比清水低很多，常温状态的水，放到0℃或者零下的环境下，可能几分钟或者十几分钟就开始出现结冰现象，而盐水不会。一般来说，盐水也会结冰，但是盐分越高的盐水，结冰所需的温度也越低，饱和的盐水，可能要在-20℃左右才会结冰。

大雪天，在马路上撒盐

在降雪和冻雨之后，如果天气寒冷，雪往往会一边融化一边又开始凝结，此时的路面容易结冰，会对车辆的行驶产生很大的影响，容易引发一系列的交通事故。为了避免出现交通事故，很多交通警察会在下大雪之后往路面上撒盐，其目的就是在大雪融化的时候，让盐溶于雪水中，形成盐水，而盐水在冷天气中不容易结冰，或者说加入盐之后的雪水，其凝固速度开始降低。正因为如此，交警会在大雪天往雪路上撒盐，这样就可以达到融雪的目的，并且保证路面不会轻易结冰。

丁达尔现象

在晴天，人们早上从林荫小道上走过的时候，往往可以看见一束束光线从树叶中透过来，形成非常明显的光束，而下午的时候，也能够发现光束从建筑物之间穿过。这些光束看上去非常迷人，一些摄影师甚至特意在清晨或者傍晚来捕捉这些场景。可是在平时，人们所看见的阳光都是分散的，根本看不见所谓的光束。为什么在清晨或者傍晚的时候，在林荫小道和建筑物之间可以看见光束的存在？想要了解这些问题，可以通过一个小实验来找到答案。

准备的工具

激光笔，氢氧化铁溶液，硫酸铜溶液，实验助理

实验过程

■ 考虑到一些化学反应具有一定的风险，因此这里直接选择购买氢氧化铁溶液和硫酸铜溶液

■ 在房间内拉上窗帘，确保光线足够暗，然后先用激光笔从侧面对着装有硫酸铜的玻璃瓶进行照射

■ 光线很快透过蓝色的硫酸铜溶液，安排实验助理从瓶子的正面进行观看，此时实验助理并没有看见玻璃瓶中有什么光束

■ 接着将激光笔从侧面对着装有氢氧化铁的玻璃瓶照射，让实验助理从玻璃瓶的正面进行观察，可以在氢氧化铁溶液中看见一条明显的光带

■ 实验者可以让实验助理用激光笔从侧面照射玻璃瓶，自己则从正前方观察瓶子中的情况，可以得出同样的结论

科学告诉你为什么

为什么胶体才能形成一条光亮的通路？

上面这个实验是典型的丁达尔现象，1869年，科学家丁达尔发现，当一束汇聚的光通过溶胶状物质时，人们可以从侧面（与光束垂直的方向）看到一个光亮的“通路”，这就是著名的丁达尔效应。在胶体中之所以可以看见通路，就在于胶粒直径小于可见光的波长，且它们对光线具有一定的散射作用。氢氧化铁是一种褐色的絮状物沉淀，在一定条件下属于胶体物质，它具有散射光线的作用。而硫酸铜溶液中的分散质粒子实在太小，散射非常微弱，无法被肉眼看见，这就是光线照射硫酸铜之后无法形成丁达尔效应的原因。

胶体和浊液的区别

很多人认为，将液体弄混浊之后，有时候也可以看见光路穿过液体，因此他们会觉得浊液也能够产生丁达尔效应。其实浊液的确会产生一定的光路，但是由于液体比较混浊，内部的颗粒比较大，因此无法有效形成散射，透过浊液的光往往只能穿透一点点的距离，而不会像胶体物质那样形成光亮的通路。严格来说，胶体是介于清澈溶液和浊液之间的介质，它非常适合形成丁达尔效应。

消失的颜色

（稀释）

在心情不好的时候，很多人通常都会告诫生气者要放宽心，以更博大的胸怀来接纳生活中的不愉快。他们会将不愉快当成一瓶颜料，将胸怀比作容器，比如将这瓶颜料倒入水桶中，可能整桶水都会被颜料染红；将一瓶颜料倒入湖中，颜料会慢慢扩散开，然后很快就会消失不见。在这个比方中，有关颜料和容器的说法，实际上描述了一个非常常见的科学现象，很多人都知道这些现象，但未必了解颜色慢慢消失的原因。为什么颜料在水桶里还会存在，到了湖里就会消失不见呢？想要找到原因，可以做一个小实验进行解读。

准备的工具

滴管，墨水瓶，玻璃杯，大的玻璃瓶，自来水

实验过程

- 用滴管从墨水瓶中取一滴墨水，滴入玻璃杯中，观察墨水的颜色
- 往玻璃杯中倒入半杯自来水，观察玻璃杯中墨水的颜色，发现颜色已经变淡不少
- 将玻璃杯中的墨水倒入大的玻璃瓶中，将玻璃瓶的水倒满
- 摇动大的玻璃瓶，发现原本的墨水几乎消失不见了

科学告诉你为什么

为什么墨水的颜色会消失？

以上实验中，墨水之所以会消失，其实是因为它在水中被稀释了。稀释是指在溶液中加入溶剂使溶液的浓度变小的过程，而水是最常见的稀释物质，比如很咸的盐水在加入大量水后，咸味会变得很淡，甚至完全消失。很多有味道的东西放入水中都会慢慢失去味道。同样地，颜色遇水后也会变淡和消失，往一些有颜色的溶剂中加入大量的水之后，原本的有色溶剂就会被迅速冲淡，然后被稀释成无色的溶剂。而颜色之所以会被水稀释，主要是因为有色溶剂中的分子在遇到水分子之后，分子之间会相互运动，这个时候原本有色溶剂的分子之间就会出现大量的水分子，一旦水分子将这些有色溶剂的分子阻隔得很开，颜色就无法明显地显示出来了。简单来说，就是有色溶剂的分子会在水中进行扩散，这种分子扩散运动会导致原有分子之间的距离被拉开。

生活中常见的稀释

稀释在生活中的应用范围很广，很多人都会用稀释的方式来调和适合自己的溶剂。比如酿酒的时候，为了降低酒精浓度，就会在酿酒的过程中加入适量的水，降低酒精浓度。炒菜煲汤的时候，如果盐加多了，就会多放一点水来稀释咸味。在进行家庭装修的时候，一般都会将购买来的油漆（水性漆）进行稀释，这样可以将颜色调节到一个更合适的程度。农民在给果树或者其他农作物打农药的时候，也会对农药药水进行稀释，确保药剂量在杀菌、杀虫、除草的时候，不会对农作物造成伤害。

稀释并不等于彻底消失

许多人认为稀释掉的味道和颜色已经彻底消失不见了，这其实是一种错误的认知。尽管一种溶剂会在另外一种溶剂增加的时候被稀释，但溶剂本身还是存在的，相应的溶剂分子并没有消失，只不过人无法用自己的感觉器官捕捉到它们的存在。比如，往大海中滴入一滴血液，这滴血液会很快被海水稀释，人眼是无法看见红色的血液存在的，但是附近那些嗅觉灵敏的鲨鱼可以感知到这滴血液的存在，它们会迅速游过来寻找猎物。

酸碱测试

酸和碱是化学中非常重要的分类，很多养生学家也会强调酸碱平衡，会强调人们应该多吃碱性食物来养生。尽管很多时候有关酸碱养生的学说都是子虚乌有的，没有科学依据，但酸和碱在日常生活中各有用处，因此，人们需要采取科学合理的方法来测试和验证某一种东西是酸性的还是碱性的，以便更好地进行分类和利用。那么如何判定物质的酸碱性呢？人们在饮食当中又该如何区分到底是酸性食物还是碱性食物呢？想要了解这些知识，就需要亲自对酸碱物质进行测试。

准备的工具

pH试纸，可乐，小苏打，自来水，玻璃杯，玻璃棒

实验过程

- 取几片pH试纸，用作酸碱测试
- 先打开一瓶未开封的可乐，用玻璃棒蘸取少量可乐，涂抹在pH试纸上
- 观察pH试纸上的颜色变化，和试纸的比色条进行对比，看看可乐在试纸上的颜色情况以及与之相对应的pH值
- 取一点新鲜的小苏打，将其倒入玻璃杯中
- 往玻璃杯中加入适量的自来水，用玻璃棒搅拌均匀，确保小苏打完全溶解
- 取一片新的pH试纸，用玻璃棒蘸着溶解后的苏打水涂抹在pH试纸上
- 注意观察pH试纸上的颜色变化，与pH试纸的比色条进行对比分析，了解苏打水的pH值为多少

酸和碱是如何划分的？

所谓酸，是指当该物质溶解在水中时，溶液中氢离子的浓度大于纯水中氢离子的浓度，在温度为25℃时，水的pH值是7，也就是说，当某种物质的pH值小于7时，就是酸。而碱多指碱金属及碱土金属的氢氧化物，它们通常带着苦涩的味道，溶液可以使特定指示剂变色，而它们的水溶液的pH值大于7。想要验证这些物质是酸还是碱，通常的做法就是借助pH试纸进行测试，这样就可以快速测出物质是酸还是碱。

酸性食物与碱性食物的划分

在日常生活中，很多人很容易将酸的与酸性混为一谈，认为酸的东西就一定是酸性的，认为酸一定就是酸性。其实这是一个认知上的误区，比如山楂、柠檬、橘子都是酸的，但是它们并不属于酸性物质，尽管它们都有酸味。事实上，它们的pH值明明小于7，属于酸性，但仍旧被当成碱性物质，就拿橘子来说，橘子的pH值小于7，但是进入人体之后，会增加人体内的钾离子和钠离子，生成相对应的碱，因此被当成碱性食物。一般来说，判断食物的酸碱性，并非根据人们的味觉，也不是根据食物溶于水中所呈现的化学性，而是依据食物进入人体后所生成的最终代谢物的酸碱性来定。

可乐属于酸性食物

很多酸性水果在经过消化之后，反而变成了碱性食物，可乐属于酸性食物吗？如果单纯地用pH试纸进行测试，会发现可乐的pH值小于7，那么可乐是否就一定是酸性食物呢？具体来说，还需要看可乐在食用之后的生成物。而在食用可乐之后，可乐中的碳酸实际上分解成了水和二氧化碳，只有糖类物质才是关键，而糖类在消化之后会变成能量，它也是呈酸性的，因此可乐就是一种酸性食物。

玻璃上的哈气

冬天天气很冷的时候，如果在室内对着关着的玻璃窗哈气，就会发现玻璃窗上出现一团白雾。不仅如此，在冬天，如果室内门窗紧闭，那么玻璃窗上往往也会出现雾蒙蒙的一片，什么也看不清。很多人都知道这是因为室内外温差比较大引起的现象，当室内温度比室外温度高不少时，室内的热空气就会与室外的冷空气通过玻璃这个介质碰撞在一起，这个时候冷暖空气就会形成水汽，因此会在玻璃窗上形成雾蒙蒙的一片。但是如果在常温下，对着玻璃哈气又会怎样呢？

准备的工具

镜子

实验过程

■ 取一面镜子，对着镜面轻轻哈气

■ 发现镜面上出现一层白雾，但是这层白雾很快会慢慢退去

■ 接着又往镜面哈气，镜面上重新出现白雾，而不久之后白雾会全部退去

为什么对着玻璃哈气会出现白雾

一般来说，人体的温度为36~37℃，因此从嘴巴里呼出来的气体大致也是这样的温度，而镜子相对来说温度偏低，平时只要将镜面贴在脸上，就能够感觉到镜面有些冰凉，因此镜面的温度是低于身体的温度的。当气体从嘴巴里哈出来的时候遇到镜面，就相当于暖空气遇冷，这个时候气体就会遇冷液化成小水珠，这些小水珠会以白雾的形式出现在镜面上，使得光线发生了折射和散射，从而导致镜面看起来模糊不清。过了一段时间之后，由于小水珠雾化之后一直在接触温度比镜面更高的空气，小水珠很快会在空气中蒸发掉，这时候镜面上的白色雾气就会全部消失。

“对着玻璃哈气”的知识延伸

对着玻璃哈气，玻璃上会出现白色的雾气，实际上就是冷暖空气相遇造成的，当冷空气和暖空气相遇的时候，冷空气偏重而下沉，暖空气较轻而上升，这个时候就会形成大量的水汽。如果从气象的角度来分析，当一团冷空气和一团暖空气在某一区域相遇的时候，就会在接触地点形成降水。

生活小知识

由于冷、暖空气容易在玻璃上形成雾气，因此在冬天开车的时候，由于车内温度较高，很容易与车外的冷空气相互作用，在车的挡风玻璃上形成白色的雾气，这样往往会影响驾驶者的视线，容易引发车祸。很多驾驶员会准备一块干燥的布，在行车过程中随时擦拭，但是这样做同样很危险。正确的做法是，当冬天的早晨开车出门时，一方面要行驶得慢一些，另一方面则要注意微微打开两边的车窗，确保有风吹进来，这样就可以有效调节车内外的温度，减少雾气形成的可能，同时增加车内空气的流动之后，车的挡风玻璃上也不容易形成雾气。还有一种有效的方法，就是购买一些专用的除雾剂，在开车之前就喷在车玻璃上，这样就可以有效防止开车过程中形成白色的雾气。

第六篇

不可思议的世界

闪电总在雷声前

在雷雨天的时候，人们经常会看见一道闪电迅速划破天空，然后用不了多久，天空中就会传来隆隆的雷声，闪电就是打雷的前奏，基本上这已经成了一个固定的模式。许多人都会觉得闪电肯定是比雷声更早出现的，即先有闪电，然后才会出现云层撞击带来的雷声。可是从科学的角度来分析，闪电和雷声其实是同一时刻出现的，但为什么闪电总是会在雷声之前出现呢？

准备的工具

鞭炮或者烟花，实验助理，打火机

实验过程

■ 在夜晚的时候，安排实验助理拿着打火机和烟花，自己则距离这个实验助理几百米的距离进行观测

■ 让实验助理拿着打火机点燃鞭炮或者烟花，观察鞭炮或者烟花的亮光和声音，可以发现总是先闪光，然后传来鞭炮声

科学告诉你为什么

为什么闪电会比雷声更早被人发现?

从科学的角度来分析，闪电和雷声是一同出现的，闪电属于光，雷声属于声音，一般来说，光的传播速度为299792458米/秒，大约为每秒30万千米，而声音的传播速度没有这么快，它在空气中的传播速度大约为340米/秒，当然空气的温度也会影响传播的速度，比如当空气温度为15℃时，速度大约是每秒340米，而当空气的温度上升为25℃时，速度为每秒346米，但基本上不会出现太大的偏差，而这样的速度显然无法与光速相提并论。当携带正负电荷的云层在几百米甚至千米高空进行放电的时候，会产生剧烈的声响以及耀眼的闪光，只不过由于光的速度很快，几乎在第一时间就被地面的人接收到了，而声音的速度比较慢，需要几秒钟的时间在空气中进行传播，这就导致闪电和雷声出现了时间差。

假设声音的传播速度和光速一样快，会发生什么

许多人可能会提出这样的猜想：假设某一天声音的速度和光速相同，那么人们就可以同时接收到闪电和雷声的信息了。话虽如此，但如果声音的速度真的达到了接近30万千米/秒，恐怕世界也就不复存在了。众所周知，声音是声源处的分子振动带动周围的空气分子振动进行传播的，声源处的振动会导致空气交替产生压缩和膨胀，逐渐向外传播声音。而光的本质是电磁波，它是指光源接受能量后所产生的交替变化的电场和磁场，电磁波是没有静止质量的，它只拥有能量。但空气是有质量的，一旦声波的传播速度接近光速，那么引发空气分子振动的能量可想而知，这么大的能量足够摧毁空气分子了，至少引发的高温就足以将空气分子燃烧成等离子，引发核聚变，从而摧毁传播途中的一切，那时候地球都不复存在了。

分成两段的蚯蚓

蚯蚓是生活中比较常见的生物体，许多生活在乡下或者经常去野外的人都会看见蚯蚓。关于蚯蚓，人们总是有各种各样的故事，其中比较常见的就是蚯蚓强大的生命力，比如一条蚯蚓在被切成两段之后，切成的两段可以各自再生出身体组织，这个时候，原来的一条蚯蚓就变成了两条蚯蚓。事实确实如此，蚯蚓的确可以依靠强大的再生能力实现一分为二。那么蚯蚓究竟是如何做到这一点的呢？通过实际的验证就可以了解蚯蚓的强大生命力。

准备的工具

蚯蚓，小刀，锄头，泥土，水，盆

实验过程

- 用锄头从泥土中挖出一条完整的蚯蚓
- 将蚯蚓放在地上，用小刀将蚯蚓从正中间切成两段
- 发现切成两段的蚯蚓还在地面上继续扭动
- 将切成两段的蚯蚓分别放入盆中，盆内添加适量的泥土，泥土上洒一点水
- 观察切段之后的蚯蚓，两段蚯蚓可以在泥土里存活很长一段时间

蚯蚓为什么一分为二之后还能生长?

科学研究人员发现，作为一种陆生环节动物，蚯蚓被切成两段时，在温度、土壤酸碱度和杀菌等条件适宜的情况下，蚯蚓身体断面上的肌肉组织会立即进行自动收缩，有一部分肌肉会自发溶解，直接形成新的细胞团。与此同时，大量白血球快速聚集在切面上制造栓塞，确保切断处的伤口迅速闭合。紧接着，蚯蚓体腔中隔里的原生细胞会迅速转移到切面上来，直接和自发溶解的肌肉细胞一起形成结节状的再生芽。更加神奇的是，蚯蚓体内的消化道、神经系统、血管等组织的细胞，会以有丝分裂的形式迅速往再生芽里生长。正因为如此，随着细胞的不断增生，切成两段的蚯蚓会迅速生长，缺少头的那一段会长出一个新的头来，缺少尾巴的那一段则会长出一条尾巴来。

一分为二的蚯蚓都可以存活吗?

蚯蚓的生命力非常强大，在很多人眼中，蚯蚓在一分为二之后就会变成两条活的蚯蚓。但事实上一些科学家经过多年的观察和研究，发现蚯蚓被切成两段之后，似乎只有含有脑神经的一端才有机会存活下去。至少从现实操作方式来看，蚯蚓被切成两段，不一定会变成两条活蚯蚓，如果正好切在蚯蚓的心脏上，那么蚯蚓必死无疑，两段蚯蚓都不可能存活，一般来说切割那些结构简单的气管对蚯蚓的生长不会造成影响，但是对一些结构复杂且很重要的身体器官而言，切除之后就不可能再长出来了。

永远面向太阳的向日葵

向日葵是一种非常受欢迎的植物，很多人都喜欢向日葵，一方面向日葵可以生产瓜子，满足人们的口腹之欲；另一方面，向日葵是一种非常好看的花卉，它经常成为摄影师、作家、画家手中的艺术作品。除此之外，向日葵还因为一种特性而为人关注，那就是向日葵的花会面向太阳进行转动。为什么向日葵会成为跟随太阳转动而转动的忠实拥趸呢？它面向太阳的原因又是什么呢？想要了解这些，可以通过小实验进行分析。

准备的工具

盆栽向日葵

实验过程

■ 选择一个大晴天，从早上太阳刚刚升起的时候，观察盆栽向日葵的方向

■ 随着太阳的转动，记录向日葵的运动轨迹，记录相关的时间

■ 在太阳落山的时候，观察向日葵的变化，找出向日葵与太阳的关系

■ 在观察向日葵方向变化的过程中，可以尝试着将盆栽向日葵背向太阳，用不了多久，向日葵会直接转向太阳光

为什么向日葵的花总是面向太阳?

向日葵本身含有一种特殊的生长素，这种生长素非常怕光，它会集中分布在向日葵的茎尖上，当太阳光照射到向日葵的茎叶时，它就会转变方向背向阳光，换言之，背向阳光的茎叶所含有的生长素浓度更高，这个时候向日葵的花就刚好对着太阳。不仅如此，背光的那一面的向日葵往往长势很好，而向着光的那一面生长相对缓慢，因为向阳的那一面含有更高的黄氧化素，黄氧化素能阻碍细胞生长，从而导致向阳的一面生长缓慢。在这种情况下，向日葵就会往向着阳光的那一面弯曲。

在向日葵植株从发芽到花朵盛开的这一段时间内，它的叶子和花盘会随着太阳转动，方向从朝东变成朝西，等到向日葵的花盛开之后，向日葵基本上就不会再转动了，这个时候它基本上都是保持朝向东方这一固定方向。

向日葵和太阳保持同步吗?

向日葵虽然跟着太阳转动，但它们之间并不是实时同步的，科学家经过科学细致的测量，发现向日葵的转动实际上略微落后于太阳。在向日葵转动的时候，早晨太阳刚刚升起，此时的向日葵开始向西转动。等到太阳落山之后，向日葵的花盘会慢慢地向回摆，大约在凌晨3点钟的时候，向日葵基本上就转回东方了。

年轮指方向

了解树木生长规律的人都知道，树木都有年轮，这些年轮实际上可以显示出树木的实际年龄，人们通常会通过年轮来确定树木的年龄。其实年轮除了可以告诉人们树木的年龄之外，还具有指示方向的作用，有经验的植物学家或者伐木工人，都能够通过树木的年轮来明确东南西北的方向。对于人们来说，可以通过日常的观察来验证这一点。

准备的工具

树木，锯子，指南针

实验过程

■ 在野外寻找一棵树（最好是自家的水果树或者树桩），用锯子锯开树木

■ 观察树木的年轮，看看哪一边的年轮疏散宽松一些，哪一边的年轮相对密集一些

■ 拿出指南针，指出东南西北的方向，然后将方向和年轮的特点结合起来分析

■ 为了验证方向，可以选择多锯开几棵树进行分析，找到这些树木年轮分布的共同点

树木的年轮为什么能够指示方向？

树木的年轮之所以可以指示方向，主要是因为年轮的形态和分布问题，一般来说，树木背阴的一面（北面）容易长出青苔，这一面的年轮非常紧密；而树木的年轮在南面会更疏散、宽松一些。原因很简单，树木靠近南面时，阳光非常充足，树木的生长更为茂盛，每年长得比较多，因此年轮会宽松一些；而靠近北面的树木，接触的阳光非常少，整体上的生长要慢，年轮自然更加密集一些。当然，这里一般是在北半球的情况，而在南半球，情况恰恰相反：靠近南面的树木，年轮更加密集一些；而靠近北面的树木年轮则相对疏散一些。而越接近赤道地区的树木，接受到的光照都是接近直射的，并没有一个比较明确的方向，因此年轮的分布相对而言比较均匀。树木年轮偏于疏散并不是固定对应南方的，很多喜阳的树木会存在南面年轮疏散的情况，但是对于喜阴植物而言，情况恰恰相反。

年轮就是树木生长的一面镜子

对于树木来说，每过一年，树木就会多长出一道年轮的纹路，每一年的年轮长势不同，厚度不同，甚至于在一年中的生长状态也不一样。比如春季雨水充足的时候，年轮的线条光亮宽松，到了夏季或者秋季，气候偏于干旱，年轮的线条偏黑色，而且比较窄。此外，树木的弯曲、拥挤以及遭受火灾，都会在年轮上表现出来。年轮就像一面镜子，可以照射出树木成长过程的方方面面。

会呼吸的植物

（呼吸作用）

在谈到呼吸问题的时候，通常人们会认为呼吸仅限于动物，而且会狭隘地认为呼吸一定离不开鼻子以及嘴巴，毕竟在人们的认知世界中，无论是人还是牛羊马鸡鸭鱼都依靠鼻子或者嘴巴进行呼吸。但其实除了动物之外，植物也会呼吸，而不同的生物体有不同的呼吸器官。对于动物来说，呼吸器官比较明显，对于植物来说，它们的呼吸器官较为隐蔽，以至于人们通常感觉不到它们是否会呼吸。那么如何才能验证植物正在呼吸呢？人们可以通过一个简单的小实验进行验证。

准备的工具

玻璃杯，树叶，小石块，自来水

实验过程

- 准备一个干净的玻璃杯，往里面倒入半杯自来水
- 等到玻璃杯中的水稳定下来，且水面没有气泡产生
- 从树上摘下几片新鲜的树叶，将树叶泡在水中
- 用一块小石头压住树叶，确保树叶全部泡在水中
- 观察一段时间（也许需要一个小时），就会发现叶子的表面慢慢出现一些小气泡，这就是树叶正在呼吸

为什么植物的叶子放在水里会冒气泡？

一般来说，植物是会呼吸的，和动物一样，植物也无时无刻不在呼吸，不过不同的是植物没有明显的呼吸器官，它们依靠根、茎、叶、花、果实、种子上的每一个细胞进行呼吸，这些细胞内有一种呈棒状或粒状的线粒体，它们是专门管呼吸的。植物的呼吸主要指植物在有氧条件下，将有机化合物氧化，产生CO_2和水的过程。在供氧不足或无氧时，植物中的有机物可以部分分解，产生少量CO_2并释放少量能量，作为生长、吸收等生理活动不可缺少的动力，这也被称作无氧呼吸。

光合作用严格来说不算是一种呼吸

对于植物来说，当叶子在阳光照射下进行光合作用的时候，会吸入二氧化碳，然后释放氧气，很多人会觉得光合作用就是一种呼吸。但是严格来说，植物的光合作用主要指一些绿色植物利用叶绿素等光合色素和某些细菌，在可见光的照射下，借助细胞本身的作用，将二氧化碳和水转化为有机物，并且释放出氧气的生化过程。而植物的呼吸更多的是一种氧化反应，是生物酶作用下的氧化反应。从定义以及功能上来看，两者之间还是有很大区别的。

发芽的土豆

（自然营养繁殖）

很多人都有这样的生活经验：当自己购买的土豆放置很长一段时间后，某一天就会发现这些土豆竟然在无水无土的情况下发芽了。而发芽的土豆中往往含有大量的龙葵素（神经毒素），一旦误食，可能引发恶心、呕吐、腹泻、怕光、耳鸣，甚至是呼吸困难、抽搐等中毒症状，正因为如此，人们应该直接将发芽了的土豆丢进垃圾桶。人们可能会产生疑惑，一般情况下，植物发芽都需要水、空气以及土壤，一些作物甚至还需要通过适当施肥来促进发芽，那么为什么放在家里的土豆会慢慢长出芽呢？是不是土豆本身就存在这样的特性呢？想要了解这些问题，可以通过实验进行验证。

准备的工具

土豆，塑料袋，水，脸盆

实验过程

- 将土豆放入塑料袋中，将塑料袋放在厨房的某一个角落，袋口敞开
- 将土豆放置一段时间，可能需要十几天甚至更久的时间，观察土豆的发芽情况
- 为了推进土豆的发芽进程，可以将土豆放入脸盆中，往脸盆里放一些水，这样土豆很快就会发芽

科学告诉你为什么

为什么土豆放在家里也会发芽？

很多植物体的一部分在脱离植物体本身后仍然能够存活，并且长成一株维持其母本原有性状的植物，这类植物往往能够进行营养生殖。所谓营养生殖指由植物体的营养器官（根、叶、茎）产生出新个体的生殖方式。营养生殖（植物繁殖的称呼）在很多时候与无性繁殖（动物繁殖的称呼）是同义词。土豆放在家里发芽，实际上属于营养生殖的一种方式，而且是自然营养生殖，土豆不需要埋在地里就可以长出芽，这些土豆芽长大之后就会成长为新的植株，并且重新长出土豆。

抑制土豆发芽的生活小妙招

为了延缓和抑制土豆发芽，可以将少量苹果和土豆一起放在袋子里保存，苹果会分泌乙烯，而乙烯一方面对许多水果会起到催熟的作用，另一方面则能够有效抑制土豆的发芽速度，因为乙烯会抑制土豆芽眼处的细胞产生生长素，一旦土豆生长素的浓度积累不够，就不会那么快发芽了。如果将土豆放在背光、干燥、通风的环境中，土豆也不容易发芽。

还有哪些成长方式属于营养生殖呢？

植物的营养生殖也有很多类型，类似于土豆可以依靠块茎进行自然营养生殖，而一些树木则依靠另外一种方式进行生殖。很多时候人们会把一株植物的枝条（或芽）接到另一株植物的枝干上，对准两者的形成层，然后用尼龙布包裹和固定起来，使它们彼此愈合成长在一起，最终长成一个植株。这就是嫁接，而嫁接则属于人工营养生殖。人们还可以剪取植物上一些带芽的枝段，插入土中生根发芽，让这些枝段长成新的植株，这属于扦插，像葡萄、柳树都可以使用扦插法。一些植物还能通过分根的方式进行生殖，即将该植物的根系分开，当成独立的植株来培养。类似于桑树的一些植物，往往会出现较长的枝条，如果把长枝条弯下来，压埋在土中，那么不久之后这些枝条会重新长出根，此时再把枝条与母体截断，入土生根的枝条完全可以长成新的植株。这种方式叫压条，它也属于人工营养生殖的一种形式。

自制绿豆芽

豆芽是日常菜肴之一，作为一种价格低廉且美味可口的菜肴，豆芽深受很多家庭的喜爱，重要的是豆芽是一款营养丰富的蔬菜，它的营养价值比豆浆和豆子本身都要高出很多。而豆芽的种植过程并不难，只要掌握了方法，任何家庭都可以自己种豆芽吃。那么豆芽究竟是如何生长和发育的呢？关于豆芽生长的相关问题，最好还是通过实践活动来进行解答。

准备的工具

不锈钢盆，绿豆，开水，筷子，布，滤网，电饭煲的内锅

实验过程

- 准备好绿豆，将其放在干净无油的不锈钢盆内
- 在盆内倒入开水，用筷子不断搅拌，直到水温降为常温为止
- 让绿豆在水中浸泡5个小时左右
- 将盆中的绿豆和水倒入滤网中，将水过滤掉
- 在绿豆上面盖上一块在水里浸泡过的湿布
- 在绿豆上方扣上一口电饭煲的内锅，使得绿豆处于不见光的环境中
- 第二天可以发现绿豆开始发芽
- 用凉水冲刷绿豆，盖上清洗过的湿布，在湿布上面压上一些重物，比如一小盆水，然后重新盖上电饭煲的内锅
- 之后每天早中晚冲三次凉水，第三天，第四天，豆芽越长越快
- 一般到了第六天和第七天左右，豆芽发育成型

科学告诉你为什么

豆芽的成长秘密

绿豆其实就是一种豆类的种子，而它们在泡了水之后会吸收大量水分，此时绿豆自然会充分涨大，而种子内部有个很小的芽（生物上叫胚）就会快速进行细胞分裂，细胞会成倍地分裂开来，使植物生长迅速，没过几天嫩芽就会从绿豆中长出来，然后慢慢发育成豆芽。需要注意的是，绿豆发芽既离不开水，也离不开空气，因为细胞分裂是一种有氧运动，如果没有氧气的供应，那么细胞分裂就会终止，而泡涨了的绿豆此时就会烂掉。绿豆发芽还离不开适宜的温度，在冬天的时候，如果温度太低，那么绿豆同样难以发芽。可以说，空气、水和温度是豆芽成长发育必不可少的条件。

种植豆芽的注意事项

第一，绿豆最好选择一些新鲜的，陈年的豆子或者已经坏掉的豆子不太容易发芽。第二，种植豆芽的时候需要在开水中浸泡一会儿，开水并不会烫伤绿豆，反而能够有效加快绿豆出芽的速度。第三，每天都要注意给豆芽冲凉水两三次，这样可以有效给豆芽补水，还可以去除豆芽生长过程中的废物和灰尘。第四，保持遮光，避免豆芽见光，豆芽一旦见光就会发生光合作用，虽然成长速度加快了，但是豆芽的颜色会变成绿色，影响食用的口感。第五，一定要在豆芽上压一点重物，东西重的话，豆芽在生长过程中就会长得越来越茁壮。第六，整个过程中最好不要沾油，以免影响豆芽吸收空气中的氧气，从而破坏发育进程。

神奇的酵母菌

（面包的小孔）

面包是日常生活中非常普遍的食物，很多人都喜欢吃面包，而无论是蒸面包、烤面包，还是纯面包、奶油面包，都具有松软的特性，如果仔细观察，就会发现面包的表面存在很多小孔，将面包掰开来看，里面也不是完全实心的，面包内同样具有很多孔隙和小孔。那么为什么面包会存在这样的特点呢？

这就要从制作面包所需的酵母菌开始说起。可以说，正是酵母菌的存在，才让面包变得松软可口。那么酵母菌究竟是如何在制作面包的过程中发挥作用的呢？想要弄清楚这一点，可以亲自动手制作面包。

准备的工具

高筋面粉，碗，不锈钢盆，酵母，水，油，白砂糖，烤箱，锡纸，烤盘，发酵箱

实验过程

- 取两碗高筋面粉，倒入不锈钢盆中，加入酵母，将面粉混合均匀
- 搅拌均匀之后，在面粉堆中挖一个坑，在坑里加入适量的水
- 搅拌水和面粉，开始揉动面粉和水的混合物，揉成一个面团
- 将面团揉至面筋完全形成，适当加入一点盐，确保面团在揉动的过程中更加光滑
- 当面团揉好之后，最好揉成一个圆球形，然后在面团底部均匀地抹上一层油
- 在不锈钢盆上贴上一层保鲜膜密封起来，在常温下放置15分钟左右

- 将静置好的面团拿出，进行按压排气，并分摘成均匀的小面团，做成面包的形状
- 分别在做好的小面团底部涂一些油，然后放置在放有锡纸的烤盘内
- 将烤盘放在发酵箱内，保持温度为35~40℃，发酵1小时
- 当发酵后的面团体积扩大了2倍到2.5倍时，将烤盘直接放入烤箱内
- 打开烤箱的开关，烤20分钟，温度控制在180℃
- 20分钟后将面包取出，冷却后即可食用

科学告诉你为什么

为什么面包上会出现小孔呢?

面包上的小孔实际上是酵母菌发酵后产生二氧化碳的结果，因为在制作面包的时候，会加入酵母菌进行发酵，并且人们通常需要将面盆盖严，这样做可以让酵母菌在封闭空间内进行无氧呼吸，从而顺利产生酒精和二氧化碳，二氧化碳会分布在面粉的面筋之中，有些直接从面包中挥发出来，面粉自然会变得疏松。在经过揉面和烤制之后，二氧化碳会受热膨胀，从而使得面包呈现疏松多孔的状态。

面包为什么要揉出面筋?

在制作面包的时候，有一道工序必不可少，那就是揉面。许多人都很疑惑，只要将面粉和水混合在一起，揉成一个面团不就行了吗?为什么非要揉出面筋呢?其实揉面主要有两个目的：第一个就是让面粉中的混合物充分混合在一起；第二个就是揉出面筋，这样一来面包才更加筋道，也方便酵母菌发挥发酵的作用，有效地让面包变得更加疏松。正因为如此，如果揉面不充分的话，那么面包的口感会差很多。

萤火虫的光

（生物发光现象）

萤火虫是一种非常常见的昆虫，它的腹部会发出闪动的黄绿色的光，有时候则发出红色的亮光，正因为这个特性，许多农村的孩子会在夏季的夜晚去露天的场所抓萤火虫，将十几只萤火虫装进玻璃瓶内，这个时候，整个玻璃瓶就会变成一个有趣的照明工具。不过，关于萤火虫的知识，人们可能知之甚少，比如萤火虫为什么会自动发光呢？萤火虫发光的生物原理是什么，发光的作用是什么？想要弄清楚这些，可以抓一些萤火虫亲自观察和实验。

准备的工具

玻璃瓶，放大器

实验过程

- 在夏日晴朗的夜晚，徒手抓几只萤火虫，将它们放进玻璃瓶内观察
- 为了更好地观察萤火虫的发光器以及发光状态，可以使用放大器进行观察
- 通过观察，可以发现萤火虫的发光来源于腹部，而且光源不断闪动，很明显不是持续输出的一种光源
- 此外，可以观察和了解到萤火虫总是在一段时间内闪闪发光，然后会间隔一段时间重新闪动

为什么萤火虫会发光?

人类可以利用电来发光，但萤火虫发光并不是因为它会发电，而是因为它们拥有独特的生理结构，它们的腹部末端内含有很多发光细胞，这些细胞内有含磷的荧光素和荧光素酶。同时萤火虫腹部的发光细胞周围有很多细微的气管，当气管引入大量的空气后，荧光素就会通过荧光素酶的催化作用，直接和氧气发生化学反应，从而形成氧化荧光素，这种氧化后的荧光素会发出亮光。另外，由于萤火虫不断控制腹部的气管提供氧气，因此会导致腹部出现一闪一闪的亮光，而不是持续发光。

只有雄萤火虫会发光吗?

萤火虫之所以会闪闪发光，有很大一部分原因是为了求爱，尤其是雄性萤火虫为了赢得雌性的关注，会非常卖力地表演，通常是在20秒内闪动自己的亮光，然后等一段时间看看雌性萤火虫是否会做出回应。很多人因此认为发光是雄萤火虫的特技，但是只要认真进行观察，就会发现很多萤火虫在发光时，腹部有两个地方发光，即拥有两节发光器，还有一些萤火虫的腹部只有一节发光器，有两节发光器的萤火虫是雄性的，只有一节发光器的则是雌性萤火虫。有兴趣的人可以抓几只不同的萤火虫亲自验证一下，就会发现发光并不是雄性萤火虫的专利。

萤火虫带来的科技创新

萤火虫发光细胞内的荧光素在不断闪亮的过程中，实际上会不断被消耗掉，既然如此，那么萤火虫依靠什么来补充能量呢？科学研究发现，萤火虫只需要补充一种高能化合物三磷酸腺苷，它可以对荧光素形成强烈的刺激，只要加入这种物质，荧光素就会立即产生荧光。正因为

如此，科学家将荧光素、荧光酶、三磷酸腺苷混合在一起制成了一种新的生物光源，用于煤矿矿井的照明灯。重要的是这些灯和萤火虫的光一样，都是冷光，不仅高效而且安全。此外，由荧光素和荧光酶组成的生物探测器可以有效感知微量生命物质，科学家们将其用于医学上的病菌感染的探测情况，将来还准备用于在外星球寻找生命。

鱼的年龄

（鱼鳞上的宽而浅的条纹数）

在现实生活中，有很多人喜欢吃鱼，还有人喜欢钓鱼，一些人甚至能够认出各种不同的鱼，也了解不同鱼类的生活习性和生长特点。不过有一个比较冷门的问题是：人们能不能知道鱼的年龄？在面对这个问题时，可能多数人会摇头，因为很少有人会知道怎样才能判断一条鱼的实际年龄，或者说能找到一些测量鱼类年龄的仪器。其实从科学的角度来说，完全可以通过一些科学方法来测量鱼的实际年龄，而且测量方法非常简单。

准备的工具

大鱼，放大镜

实验过程

■ 抓一条大鱼，一般以两三斤重为宜，鲤鱼和草鱼都可以，这样能够确保鱼身上有较大的鳞片

■ 取下几片较大的鱼鳞，先用放大镜观察其中一片鱼鳞

■ 在放大镜下，数一数鳞片上黑白相间的环状条纹，数清楚条纹的数量，再加上一，结果就是这条鱼的实际年龄

■ 换一片鳞片，用放大镜进行观察，数清楚上面的鳞片，会发现每一片鱼鳞上的环状条纹数量相同，从而进一步检验和确定环状条纹的数目，或者说明确鱼的年龄

科学告诉你为什么

为什么通过鱼鳞可以判断出鱼的年龄？

鱼类之所以会在鳞片上长出类似于年轮一样的东西，主要在于大部分硬骨鱼类的生长周期也是按照一年的周期来算的，它们身上的鳞片主要是真皮演化而来的骨鳞，而鱼类的生长状况就会在这些由许多同心圆的环片组成的骨鳞上留下清晰的痕迹。由于鱼类在不同季节的生长速度不一样，鳞片也是一样，春夏季节一般生长速度较快，秋季成长缓慢，冬季基本上停止生长，因此鳞片上会对相关的情况进行记录：春夏生成的鳞片纹路部分比较宽阔，排列稀疏，秋季的比较窄，排列紧密，冬季一般没有任何生长。不仅如此，宽窄不同的薄片有次序地叠在一起，但是宽窄部分的条纹具有比较明显的分界线，也就是第一年和第二年生长的分界线，即鱼的年轮。

其他检测鱼类年龄的方法

大多数鱼类在生长过程中，都会将成长状况记录在硬质的器官上，除了鳞片之外，类似于脊椎骨、鳃盖骨、支鳍骨（胸鳍、背鳍）、尾杆骨上也可以看见鱼类的年轮。比如在检测的时候，可以将鱼的脊椎骨取出来，可以取靠近脑颅的椎体，它的体积比较大，年轮也比较清晰。将椎体取出来后，可以浸泡在浓度为1%的碱液之中，进一步去除软组织，然后放入酒精脱脂后晾干。人们此时就会发现椎体前后凹面上存在通信轮纹，在生长旺季的时候，它会形成白色的宽条纹，在生长缓慢的秋冬季节，则会形成暗色的窄纹，一般来说，直接将窄纹当成鱼类的年轮。

宇宙膨胀

（吹画点的气球）

现代有很多物理学家认为宇宙是从一个无限小的奇点开始形成的，通过宇宙大爆炸，宇宙不断膨胀和扩张，形成了今天的宇宙空间状态，并且据说（关于宇宙扩张的说法还未形成统一的说法）至今仍旧以惊人的速度不断膨胀。当然很多人对此并不理解，如果宇宙在膨胀的话，那么为什么地球上的人类感知不到宇宙的膨胀呢？宇宙膨胀又是以怎样的形式进行的呢？想要更好地了解这些深奥的宇宙知识，可以通过一个小实验简单展示一下宇宙膨胀的奥秘。

准备的工具

气球，画笔

实验过程

■ 找一个干净且不漏气的气球，用画笔在气球上点上几个按照直线排列的小点，小点的距离可以靠近一些，相邻小点之间的距离相等

■ 用嘴巴吹气球，先吹小一点，气球上小点之间的距离正在扩大

■ 接着将气球吹大一点，气球上小点之间的距离不断拉大

■ 将气球吹到很大时就会发现，原本靠得很近的小点距离进一步扩大，气球上两端的点已经被扩展到很远的距离了

气球上的小点扩散之谜

气球在不断膨胀的状态之中时，体积开始放大，不仅仅是边缘的膨胀，气球上的任何一个点都在不断膨胀，而且相对于气球中心位置，越是靠近气球边缘的地方，其扩张的速度也就越快。想要了解这一点并不难，这就像是操练的队伍一样，如果队伍中的所有人都是相隔1米的点，那么人们会发现离自己最近的那个人只有1米的距离，但是离自己第二近的人距离自己2米，离自己第三近的人距离自己3米……一旦整个队伍像气球一样每一个点都开始扩张1米，那么离自己最近的人就变成了2米，离自己第二近的人变成了4米，这个时候这个点实际上已经从原来的位置移动了2米，以此类推，离自己第三近的人从3米变成了6米，即从原来的3米处又往外移动了3米的距离，而同样的情况在第二个点上只需要移动2米。可以说，离自己越远的人，在膨胀后距离也就越远。宇宙也是如此，越是离地球越远的地方，越是宇宙边缘的地方，扩展的速度越快，距离越远。

额外的科学小知识

关于宇宙膨胀的看法，最早源于美国天文学家埃德温·哈勃，哈勃在经过多年观测星系后，发现不管从哪一个方向观看，远处的星系都在高速地离地球远去，他意识到宇宙可能正在扩张。哈勃很快提出了星系的红移量与星系间的距离成正比的哈勃定律，并明确了两点：第一，星系一直在不断远离地球；第二，离地球越远的星系，远离的速度也越快。1927年，比利时传教士乔治·勒梅特利用广义相对论计算出了宇宙会膨胀。1931年，乔治·勒梅特正式提出了宇宙膨胀的观点。1946年，美国物理学家伽莫夫正式提出了宇宙大爆炸理论，认为宇宙在大约200

亿年前发生的一次大爆炸中形成。

现今，科学家运用天文望远镜观测到的光线距离地球有138.2亿光年，这是不是意味着宇宙的半径就是这么大？这显然是不正确的，考虑到宇宙膨胀中加速度的影响，整个宇宙的直径可能在920亿光年左右。简单来说，当宇宙从奇点开始，在经历大爆炸之后，已经膨胀出一个直径为920亿光年的空间了。

月亮上的光

（手电筒照射反光板，反射作用）

月亮是我们非常熟悉的一种天体，在晚上的时候，人们经常可以看见明亮的月光照射大地，正因为如此，很多人觉得月球是一个发光的星体，就和太阳一样。但实际上月球和地球一样，都是由大量岩石和矿物质构成的，它不像太阳那样，可以通过燃烧氢气引发核聚变来释放光和热，它本身只是一个冰冷的球体，空气稀薄（几乎没有空气），没有生命，也不会发光。那么为什么从地球上看上去，月亮是一个发光的球体呢？为了弄清楚月球发光的原理，可以从一个小实验中寻求答案。

准备的工具

反光板，手电筒，椅子

实验过程

■ 夜晚的时候，将房间里的灯关掉，将窗帘全部拉上，确保屋内伸手不见五指

■ 将事先准备好的反光板拿出来，在黑暗中可以看见反光板本身没有任何光线发出

■ 将事先准备好的手电筒拿出来，打开手电筒，然后将手电筒直接照射到反光板上

■ 让反光板对着白色的墙壁，将手电筒的光线反射到墙壁上，这个时候就会发现原本黑暗无光的墙壁上有了光，而反光板也开始发亮

■ 为了验证反光板的光线，实验者可以将手电筒和反光板固定在椅

子上，然后站在光线照射的墙壁那边，直观地观察和感受反光板上的反射光线

科学告诉你为什么

为什么月亮会发光？

通过上面的实验可以知道，反光板本身并不会释放光线，它不是发光体，实验者之所以看见它发光，还将光线投射到墙壁上，不过是因为手电筒的光线照在反光板上，而反光板只是单纯地将这些光线反射到了墙壁上。月球也是如此，作为地球的卫星，它和地球一样一直都照射在太阳光线之下，月球会将太阳照射的光线反射到地球的背面，从而使得夜晚的天空出现一轮明月。

制造一个现代月亮

从理论上来说，任何一个在地球轨道上运行的物体都可以充当反射光线的介质，但是很多时候这些物体的体积太小，反射的光线几乎可以忽略不计。正因为如此，很多科学家开始畅想着制造一个人工的月亮：将一面大镜子搬到地球的轨道上，然后用它来反射光线，这样地球上被照射到的区域就会出现不夜城了。据说中国一家研究机构正在积极推动这个计划，并且有望让超级月亮的亮度比真正的月亮强出几倍以上，以便为某些城市地区提供照明。

月亮的背面

（手电筒照射小球，出现阴影，月球的明暗）

如果认真观察的话，月亮并不是每天晚上都会出现的，比如在一些阴雨天，乌云就会遮住月光，使得整个夜空中找不到月亮的痕迹。还有一些时候，明明天气晴朗，可是夜空中为什么也看不到月亮的影子呢？难道月亮躲到其他地方去了吗？想要了解月光消失之谜，完全可以做一个小实验进行解答。

准备的工具

手电筒，小球

实验过程

■ 夜晚将房间里的灯关掉，将窗帘全部拉上

■ 取出准备好的手电筒和小球

■ 将小球放在桌子上，然后打开手电筒进行照射

■ 观察小球在光照下的状态，就会发现小球的一面被光照射而变得明亮，另一面则处于阴暗中，出现一个半球的阴影

■ 将手电筒的位置不断进行调整，从另外的方向照射小球，会发现小球始终存在一个亮光的面和一个阴影的面，其中光亮处占据了小球体积的一半，而阴影也正好占据了小球体积的一半

■ 当人们站在手电筒的面前，并将小球放在自己和手电筒中间时，人们所看见的就是小球背部的阴影

为什么月光有时候会消失？

除了阴雨天或者出现月食之外，月光之所以会消失，往往和月球的运动轨迹以及与地球、太阳之间的位置有关。月球绕着地球旋转，而地球又绕着太阳旋转，可以说三者的位置是不断发生变化的。其中当月球位于地球和太阳之间，三者呈一条直线的时候，太阳与月球同升同落，人们就会发现太阳的光线正好被月球挡住了，或者说，太阳照射过来的光线被月球反射回去了。这个时候，地球上的人看到的是月球的背面，根本看不见任何月亮的光线。一般来说，这一天刚好是每个月的农历初一，也就是所谓的新月。在其他时候，月亮都会以不同的形状出现，无论是月牙状的，还是半圆，或者是形成整个圆，都是因为太阳光从不同角度照射到月球上，导致月球的光亮和阴暗比例出现不同。

月亮和地球的共同之处

月球和地球都是球状体，两者都存在自转和公转，无论它们处在什么位置上，都会被太阳光照射到，但与此同时也必定会产生阴影。在地球上人们所感知的光线阴影就是夜晚，但夜晚来临的时候，也就意味着地球的另一边刚好被太阳照射到，而黑夜的这一边则是光照下的阴影，或者说背面。月球的背面也是一样的，它没有一个固定的背面，由于月球的公转和自转同步，月球上的任何一边都会被太阳照射到，也意味着任何一边都会成为阴影。

曝光拍摄的星空

（地球在转，恒星相对静止）

古人对于宇宙，对于地球，对于太阳的认知非常有限，在观察天空时，他们会发现太阳从东边升起，然后从西边落下，于是就产生了地球是宇宙中心的说法，他们认为地球是静止不变的，而太阳围绕着地球转动。但是依据现代科学研究和观测，发现地球是围绕着太阳转动的，而地球在围绕太阳转动时，太阳处于相对静止状态。那么普通人如何去判定地球是运动的，而太阳或者说其他恒星是相对静止的呢？

准备的工具

高倍相机

实验过程

■ 在天气晴朗、繁星满天的夜晚，选择一个固定的位置用高倍相机拍摄星空，可以刻意选择拍摄那些知道名字的恒星，这样方便更好地进行分析，比如将相机对准北极星附近的星空

■ 打开相机拍摄，并长时间处于曝光状态

■ 记录下开始拍摄的时间，然后争取曝光拍摄1~2个小时

■ 按照拍摄的时间顺序对拍摄的所有图片进行分析，就会发现星空中的那些发光的恒星似乎一直都在围绕着北极星转动，形成一个接近圆形的轨道或者说星轨，由此可知，恒星与北极星一直处于相对静止的状态，它们之间的距离并没有发生什么变化，相互间的位置形态也没有产生变化

科学告诉你为什么

为什么曝光的照片上，星空会产生变化？

地球一直处于自转的状态，其中自转的弧度为360°，而一天分为24个小时，因此每一个小时实际上转动了15°左右。通过间隔几个小时曝光拍摄的照片进行对比，就会发现其他恒星之间的位置和距离（或者说恒星与北极星之间的位置和距离）几乎不存在任何变化，其中曝光的时间越长，星轨的长度也就越长，长时间拍摄的话，会发现星轨形成一个同心圆。而一个基本的数学知识是：同心圆上的任意一点到圆心的距离相等。总而言之，图片中的一些方位变化或者说星轨的出现实际上正是地球自转的影响，而恒星与北极星之间始终保持相对静止的状态。

此外，之所以选择北极星作为参照物，就是因为它位于北极正中心的位置，正好和地轴位于同一条直线上，当地球转动的时候，地轴是不会移动位置的，简单来说，北极星也是不会移动位置的，它就是星轨形成圆形时的圆心。可以说，以北极星为参照物，就可以更加精准地分析照片上的星轨变化。

地球公转也会对星空的位置产生影响吗？

地球在自转的同时，也一直都在围绕着太阳公转，但是公转的周期为365天，在这么长的时间里，人们可以发现星体的位置变化，就像春天和秋天观测到的北斗七星就不在一个位置。但是在几十分钟或者几个小时内，人们所观测到的星体位置变动几乎可以忽略不计，由此可以进一步推出，当人们发现曝光1~2个小时里的星空图片出现了变化，其实就是受到了地球自转的影响。

“聪明的乌鸦”真的能喝到水吗

在《伊索寓言》中有一则乌鸦喝水的故事：一只乌鸦非常口渴，它见到地上的瓶子里有一点水，自己把乌喙伸进瓶口却喝不到水。聪明的它于是就衔来很多小石子，然后用喙一点一点将小石子丢进瓶子里，这样就使得瓶子里的水不断升高，最终乌鸦成功喝到了水。在这个故事中，乌鸦的智力让人惊叹，但它是否真的如同书中所说的那样，可以成功喝到水呢？关于这个问题，人们可以通过一些简单的小实验进行验证。

准备的工具

1个上窄下宽的玻璃瓶，1个上宽下窄的玻璃瓶，1个上下一样宽的玻璃瓶，1桶水，1堆小石子，1堆沙子

实验过程

■ 先拿出上窄下宽的玻璃瓶，倒入三分之一的水，然后往里面丢小石子，观察水位上升的情况

■ 拿出上宽下窄的玻璃瓶，倒入三分之一的水，往里面丢小石子，观察水位上升的情况

■ 拿出上下一样宽的玻璃瓶，倒入三分之一的水，然后往里面丢小石子，观察水位上升的情况

■ 分别在三个玻璃瓶中倒入一半的水，往里面丢小石子，观察水位上升的情况

■ 分别在三个玻璃瓶中倒入三分之二甚至更多的水，往瓶子里扔小石子，观察水位上升情况

■ 最终发现当瓶子里的水很少时，无论往哪一种瓶子中扔入小石子，水

都不会漫到瓶口处，只有水很多的时候，小石子才会起到促进水位上涨的作用。此外，上窄下宽的瓶子中扔入小石子时，水位上涨明显，而上宽下窄的瓶子中扔入小石子时，水位不容易上涨

科学告诉你为什么

为什么乌鸦有时候喝不到水?

在往有水的瓶子里扔入小石子的时候，不能单纯地理解为加入小石子之后，水的体积就会增加，1加1等于2的数学方法在这里并不起作用。首先，实际上小石子之间存在很大的孔隙，当水的体积比这些孔隙的体积要小的时候，那么即便整个瓶子塞满小石子，水也不会漫上来。因此，瓶子里水的多少往往会决定水位上涨的幅度。其次，与瓶子的形态也有很大的关系，同等水位的瓶子里，上宽下窄的瓶子，里面的水体积更小一些，而下宽上窄的瓶子里，水总量会更多，相应地丢入小石子也就更容易促进水位上涨。

丢入的石子越大越好?

考虑到石子之间的孔隙问题，想要让瓶子里的水上涨更快，那么最好的方案就是在条件允许的情况下，尽可能往瓶子里扔那些大块的石子，这样就可以尽可能减少石子之间的孔隙。比如一块体积为125立方厘米的石子，就要比5块25立方厘米的小石子更节省空间，孔隙要小很多。从理论上来说，如果瓶口能够容纳大一点的石子，那么扔的石子越大，水位上涨也就越快。但这里涉及的前提是一块石子，当需要很多石子时，石子越大，石子之间的孔隙也会越大，反而小石子之间的孔隙还要小一些，因此最佳的方案应该是大小石子搭配起来，或者加入一些沙子，石子越小，就可以适当补充大石子之间的孔隙。

补色残像

（双眼先看红纸，后快速看白纸，会在白纸上看出绿色）

很多人经常会有这样的生活体验：当自己长时间看某一种颜色的物体时，如果突然将视线转移到另外一种颜色的物体上时，往往会产生一种幻象，即自己看到的新物体的颜色和该物体本身的固有颜色不同。许多人会单纯地认为一定是自己用眼过度引起的眼花现象，其实用更加科学的知识来解释，那就是一种视觉上的补色残像现象。那么补色残像究竟是什么呢？又该如何来了解补色残像呢？为了解开这些问题的答案，可以选择做一些小实验。

准备的工具

白纸，红纸

实验过程

- 先将红纸和白纸分别平铺在桌面上，两者隔开
- 用眼睛盯着红纸看几分钟
- 将视线快速从红纸转移到白纸上，此时会看见白纸上出现了绿色的影像
- 揉一揉眼睛，休息一会儿，再观察白纸，看上去又恢复了白色
- 之后重复做一次这样的实验，同样会发现白纸上出现绿色

为什么眼睛从红纸移到白纸时会产生绿色的幻象？

这就是典型的补色残像原理，所谓补色残像是指人们如果一直看某一个颜色，然后突然去看其他颜色的话，眼中就会看到刚才看见的颜色的补色，而任何一种特定的色彩只有一种补色。当然如果长时间盯着红纸看，然后将眼睛迅速转移到白纸上，视觉残像就会感觉整个白纸上充满了绿色。很显然，眼睛为了保持某种平衡，产生了一种补色作为调剂，防止长时间看红纸时引发的疲劳。可以说红与绿是互补色，而黄与紫、蓝与橙也是互补色。

补色残像在生活中的运用

补色残像实际上是一种视觉上产生的幻象，为了打破这种幻象给眼睛带来的不适应感，人们可以利用补色残像原理做一些调整和预防。比如在手术室内，很多外科医生的手术服都是浅绿色的而不是白色的，就是因为当他们在手术过程中一直看着鲜红的血液时，如果眼睛看见白色的墙壁或者衣服，就会产生绿色的视觉，从而导致注意力无法集中，这个时候最好用浅绿色的衣服来进行调和，缓和视觉上的不适应。事实上，红和绿的颜色靠近并出现在一起时，各自的色彩都会在视觉上变得饱和。

眯着眼睛可以看得更清楚一些

在日常生活中，当人们无法看清楚某一物体的时候，会本能地眯起眼睛来看，物体距离观察者太远，或者观察者本人是近视眼，都可能会对着远距离的东西眯眼，而眯着眼睛之后，很多人都觉得自己的视线相对而言变得更加清晰了一点。那么眯起眼睛是否真的可以改善视力呢？是否真的可以让物体的图形变得更加清晰呢？人们完全可以通过一个小实验来验证这一点。

准备的工具

画笔，纸板，架子

实验过程

■ 先找一个助手，让对方用画笔在纸板上画一幅画，一个苹果，一棵树，或者一辆车子都可以

■ 助手将纸板放在架子上，然后一步步往后退，直到观察者对画作的图像开始感到模糊不清为止

■ 固定好这个距离，助手在纸板上画一幅其他的画，让观察者观察

■ 由于刚好超出自己的正常视力范围，观察者需要眯起眼睛观察，这个时候会发现原本看不太清的画，似乎相对清晰了一点

■ 在必要的时候，助手可以将画作的距离进行调整，确保眯起眼睛的时候刚好能够看清图像

为什么眯着眼睛，会感觉视线变得更好一些？

一般来说，反射物体的光会透过晶状体，由于睫状肌的收缩和放松，晶状体会主动改变形状，以便适应不同距离的物体。接下来，晶状体会让聚焦的光线落在视网膜上，而视网膜中的感光化学物质负责将光转换成电信号，并运用视神经将这些电信号快速传递到大脑。大脑则负责把信号处理成图像，也就是说，人们此时可以真正看清楚眼前的物体究竟是什么。

一旦人与所视之物的距离比较远、视力或者视线不够好时，眼睛就无法看清楚物体的形状，此时轻轻眯起眼睛可以有效减少进入眼睛的光线数量，降低其他物体反射光线的干扰。还有一点，视网膜中有一个组织叫中央凹，这个组织内部的视锥细胞主要负责帮助人们看清事物，当眯眼的时候，就可以将光线更精确地聚焦在中央凹上，这样一来，光线就能够更清晰地聚焦在视网膜上，大脑处理的图像自然也就更加清楚。

眯起眼睛并不能真正提升视力

从科学的角度来分析，眯眼睛并不能提高人的视力，一个近视500度的人，不会因为眯起眼睛之后，视力就改善为450度。借助眯眼来看清楚物体，只是在光线的聚焦上有了一定的帮助，但这种方法带来的效果其实非常有限，对于视力不好或者距离太远的人来说，眯眼看物体的效果没有想象中那么好。其实，想要真正看清楚东西，那么就要从小养成科学用眼的习惯，不要近距离看书，不要以不端正的姿势看书，更不要长时间看书，对于一些刺眼的东西也要避免注视，平时还要注意及时补充维生素A。而对于那些视力已经下降的人来说，想要提升视力，则需要通过佩戴眼镜或者进行手术矫正来改善了。

左手画圆，右手画方

很多人都看过金庸大师的著名作品《神雕侠侣》，里面有一段这样的剧情：一个武功超凡脱俗的老人练成了左右手互相搏斗的技巧，以此来提升攻击性，而练习左右互搏的一个方法就是每天坚持“左手画圆，右手画方”，据说按照这种方法，可以有效提升左右手的灵活性，当然，练习成功的人寥寥无几。在现实生活中，人们可以轻巧地运用一只手画出一个圆，用另一只手画出一个方形，但如果左手画圆与右手画方同时进行，是否真的会成功呢？想要找出答案，可以自己亲自动手。

准备的工具

画笔，纸张

实验过程

- 准备一张白纸和两支画笔
- 左手和右手各自握着一支画笔，然后同时在纸上画画，要求左手画出圆形，右手画出方形
- 左手和右手要同时开始画画，然后同时完成画作，最后看看画出来的成果
- 取一些新的白纸，左右手在白纸上再多试验几次，看看最终的作品
- 除了画圆和画方之外，也可以左手画画，右手写字，同样观察自己的作品，分析一下左右手的协调能力

左手画圆，右手画方为什么不容易做到？

从生理学的角度来分析，左手是右脑的运动中枢控制的，而右手是左脑的运动中枢控制的，而“画画”的功能正好归分布在左右脑的运动中枢负责，从这一点来说，似乎左手和右手来完成画画并不困难。但问题在于左脑和右脑之间有许多神经纤维连接，其中最大的就是胼胝体，它主要负责左右脑之间的协调配合，使两个大脑半球变成一个整体。正因为如此，大脑虽然可以各自向右手和左手下达指令，却几乎无法同时向两只手传达不同的两个指令。所以左手画圆，右手画方基本上很难完成，很多人尝试着去画，要么就是圆不像圆，方不是方，要么就是无法做到同步。

一心二用会成功吗？

左手画圆，右手画方的时候，实际上需要左右脑同时下达指令，或者说需要大脑一次性下达两个不同的指令，这样明显违背了大脑的常规运作模式，也许很多人会认为自己平时可以一边写作业一边聊天，或者一边开车一边听收音机，但事实上这些所谓的一心二用并不完全成立，因为在做两件事时，人们可能会侧重于做某一件事，比如专注于开车，而不是听收音机，或者专注于聊天而不是写作业。如果需要同时专注地画出一个圆和一个方，显然会给大脑制造很大的麻烦，很多人看起来可以左手画圆，右手画方，很多时候都是侧重于画出某一个图形，至于另外一个图形则完全依靠惯性。对于科学家来说，也许切开胼胝体，左右脑可能会各自同时下达不同的指令，但切开这个组织，也就意味着大脑不能够协调一致，人的认知能力会出现很大的问题。

切开的苹果会很快变黑

许多人都有这样的生活经验：当切开苹果之后，如果没有及时吃掉苹果，那么切开的部分就会慢慢发黄发黑。在面对发黑的苹果时，人们的第一反应通常就是“这个苹果变质了”，“这个苹果已经无法食用了”，又或者会觉得一定是切苹果的刀子脏了，于是拿到水龙头下冲洗刀口。但实际上即便将刀子洗干净，然后将切开的苹果放入冰箱，苹果的切口处还是会发黄发黑。那么为什么会出现这样的情况呢？这里可以通过一些小实验进行证明。

准备的工具

水果刀，苹果，电冰箱，桌子，保鲜袋

实验过程

- 选择一个新鲜度比较高的苹果，检查一下有无腐烂的痕迹
- 用水果刀对半切开苹果，检查苹果的内核是否腐烂，是否存在黑点和烂斑块
- 将一半的切片放置在桌子上，另外一半放入冰箱的保鲜层中
- 十几分钟后，就会发现桌子上的苹果切口处慢慢发黄发黑，而冰箱中的苹果切片也开始变色
- 用水果刀继续将桌子上的苹果切分，确定切口处保持新鲜状态
- 将切开的苹果继续放置，十几分钟后切开的苹果发黄发黑
- 再次选择一个新鲜的苹果，用水果刀切开
- 确保苹果没有黑点和腐烂部分之后，立即将保鲜膜完全贴在苹果的切面上，尽快隔绝空气

■ 将敷上保鲜膜的苹果切片放置十几分钟，发现苹果切口处的颜色变化并不明显

科学告诉你为什么

为什么苹果切开之后容易发黑？

苹果切开后会发黑的秘密就在于内部的酚类化合物，当苹果没有切开也没有破损的时候，内部一直都隔绝氧气，且内部细胞器中的酚氧化酶不会与酚类化合物接触，但是当刀子切开苹果之后，苹果内的细胞组织破损，酚氧化酶开始释放出来，迅速与酚类化合物接触，加上氧气的作用，酚类化合物就会不断发生氧化，此时就容易发生变色反应，内部的酚类物质直接被氧化成醌类化合物，颜色一般先变黄，然后逐步变成深褐色。

比如苹果内的儿茶酚分子会在酚氧化酶的作用下会发生聚合反应，其中两个儿茶酚分子会形成一个儿茶酚二聚体，而这类二聚体很快又可以形成四聚体。一般来说，单个的儿茶酚分子及其二聚体和四聚体并没有颜色，但随着聚体的不断增加，开始出现多聚体，这些多聚体偏紫色，聚体数量越来越多的时候，颜色就会加深，慢慢变成了黑色。

切开后颜色发黑的苹果可以食用吗？

一般来说，苹果切开后，如果存放时间不久，那么哪怕颜色变黑，也依然可以食用，不过发黄或者发黑的苹果在口感上会有一定的差别，而且其内部的维生素C会在氧化作用下慢慢减少，从而降低营养价值。而为了确保切开的苹果不会发生氧化，人们可以尝试着使用各种保存方法，比如将切开的苹果泡在盐水中，这样就能够有效隔绝氧气，保证营养和口感。一些有经验的人还会在苹果的切片上滴上几滴柠檬汁，因为柠檬酸可以有效延迟和阻止切口变色。

冰激凌久放后会甜度分布不均

在买冰激凌的时候，如果直接吃掉，冰激凌会很爽口，而且通常都会觉得甜度适中，但是如果将冰激凌在常温下放置一段时间以后再吃，就会发现有些地方口感变得很淡，就像吃普通的冰沙一样，而有的地方却甜度陡增，甚至觉得甜得有些发腻。为什么好端端的一个冰激凌会变得甜度分布不均匀，难不成糖分会自动集中在一起吗？对此，人们可以亲自试验一下，找到最终的答案。

准备的工具

冰激凌，电冰箱，钟表

实验过程

■ 选择在一个常温天气（不要低于冰箱内的温度），购买新鲜的冰激凌，从不同部位取出一点尝一尝，确定整个冰激凌的甜度是均匀的

■ 观察钟表，将冰激凌放置10分钟，然后品尝不同部位的冰激凌，体验一下甜度的差距

■ 紧接着，购买一个新的冰激凌，从不同部位品尝一下，确认整个冰激凌不同部位的甜度没有差别

■ 将冰激凌放入电冰箱，然后观察钟表，过10分钟左右再拿出来品尝，不同部位的甜味仍旧没有什么区别

冰激凌甜度分布不均匀的原因

一个正常的冰激凌，它内部的甜度是均匀分布的，但是当冰激凌在常温状态久放之后，它的温度会不断上升，冰激凌内部的冰晶开始慢慢融化，它们会一边融化，一边和脂肪聚集在一起，从而形成大冰晶颗粒，此时，冰淇淋的糖分会集中到某一个区域。其中糖分流失的那一部分就会变得越来越淡，而糖分集中的区域则变得越来越甜。这就是著名的奥斯特瓦尔德熟化效应，奥斯特瓦尔德熟化效应是指溶质中的较小型的晶体或溶胶颗粒溶解并再次沉积到较大型的晶体或溶胶颗粒上的现象，它主要发生在固溶体或液溶胶中。作为一种非均匀结构随时间流逝所发生变化的现象，奥斯特瓦尔德熟化效应往往和温度有关联，如果将冰激凌放在电冰箱中冷冻，那么几天之后，几个月之后，冰激凌的糖分还是不会出现任何的变化。

奥斯特瓦尔德熟化效应的其他表现方式

奥斯特瓦尔德熟化效应在生活中比较常见，除了冰激凌之外，还有矿泉水瓶中剩余的水也会发生类似的情况。比如在日常生活中，很多人会将还剩余一点水的矿泉水瓶丢在一旁，过了一段时间，人们就会发现瓶子的内壁出现了无数的小水珠，其实这些小水珠就是水分冷凝造成的，一旦继续将矿泉水瓶放置不动，小水珠就会越来越大，变成几滴大水珠。